ars vivendi

Sigrun Arenz, Nikola Stadelmann, Reinhard Weirauch

Jakobswege in Franken

Unterwegs auf alten Pilgerpfaden

Ein ars vivendi Freizeitführer

Bei der Realisierung dieses Buches ließen wir größtmögliche Sorgfalt walten. Falls dennoch Informationen falsch oder inzwischen überholt sein sollten, bedauern wir dies, können aber auf keinen Fall eine Haftung übernehmen.

Bildnachweis:
Sigrun Arenz: S. 160, 161; Kurt Dießl: S. 169, 172; Gemeinde Gaukönigshofen: S. 149, 151; Gemeinde Frensdorf: S. 43, 44; Gemeinde Kalchreuth: S. 61, 62; Kunstreferat Diözese Würzburg: S. 148; mauritius images/imageBROKER/hwo: S.15; mauritius images/Lou Avers: S. 67, 133; mauritius images/Westend 61/Albrecht Weißer: S. 157; Markt Lehrberg: S. 112; Markt Rattelsdorf: S. 31; Markt Zapfendorf: S. 24; Fotolia/18mm: S. 139; Fotolia/Otto Durst: S. 92; Fotolia/fotografci: S. 33; Fotolia/Frank: S. 34; Fotolia/Franz: S. 138; Fotolia/mojolo: S. 181; Fotolia/schulzfoto: S. 55; iStockphoto/AlbertPego: S. 176; Presse- und Informationsamt Stadt Nürnberg: S. 70, 71, 72, 74; Rothenburg Tourismus Service: S. 129; Rothenburg Tourismus Service/W. Pfitzinger: S. 182, 183; Schmausenkeller: S. 41; Stadt Forchheim: S. 52, 53; Nikola Stadelmann: S. 80, 81, 82, 87, 90, 91, 98, 101, 102, 104, 109, 110, 115, 120, 126, 128, 190; Stadt Lichtenfels/Tourismus- und Kulturamt: S. 20, 23, 28; Stadt Ochsenfurt: S. 140; Stadt Uffenheim: S. 163, 170; Heiko Thies: S. 188; Tourismusverband Romantisches Franken: S. 118, 119; Reinhard Weirauch: S. 60

9. Auflage 2023
8., aktualisierte Auflage 2019

www.arsvivendi.com

Umschlag: ars vivendi verlag
Umschlagfotografie: © shutterstock/Gena Melendrez (vorne);
Tourismusverband Romantisches Franken (hinten)
Satz: Christine Richert, www.typoholica.de
Karten: Ingenieurbüro Dieter Ohnmacht, Frittlingen
Druck: GPS Group GmbH, Velden
Printed in Europe
ISBN 978-3-86913-775-9

Inhalt

Von Lichtenfels nach Nürnberg

Von Nürnberg nach Rothenburg o. d. Tauber

Von Würzburg nach Rothenburg o. d. Tauber

Vorwort zur Neuausgabe

Martin Luther ist nie auf dem Jakobsweg gewandert. Der Reformator unternahm allerdings als etwa Dreißigjähriger eine Pilgerreise nach Rom – im Jahr 1510 (oder es mag 1511 gewesen sein; so ganz einig sind sich die Forscher da nicht). Er betrat die Stadt durch die Porta del Popolo und stieg im dahinter liegenden Augustinerkloster ab, ein frommer Mönch wie Tausende andere auch. Im Rückblick aber sah Luther in Rom nur Verderbtheit, Sünde und Heuchelei. »Wenn es eine Hölle gibt, so steht Rom darauf«, urteilte er über die Zustände in der Stadt, in der er den Antichristen selbst am Werk sah (unter der Papstkrone und den prunkvollen Gewändern des angeblichen Stellvertreters Christi auf dem Heiligen Stuhl nämlich).

Ob er über Santiago de Compostela freundlichere Worte gefunden hätte? Wahrscheinlich nicht. Aber auch wenn Luther nie vom Monte de Gozo auf Santiago herabgesehen und die Kathedrale mit den Gebeinen des heiligen Jakobus nie durch den Pórtico de la Gloria betreten hat: Luther bestimmte die Geschichte des Jakobswegs mit. Es war sein reformatorisches Erbe, das in der Frühen Neuzeit für einen starken Rückgang der Pilgerzahlen sorgte. Die Idee, sich durch eine Wanderung, durch die Berührung von Reliquien oder einen speziellen Ablass in einem »Heiligen Jahr« gewissermaßen einen Bonus bei Gott zu erkaufen und seine Sünden so loszuwerden, war – mit gutem Recht – aus der Mode gekommen.

Im 20. Jahrhundert freilich setzte langsam eine Reaktion ein, und die Menschen begannen sich auf die Tradition des Pilgerns zurückzubesinnen. 1987 erhob der Europarat die Wege der Jakobspilger in ganz Europa zur europäischen Kulturroute. In einer immer lauter und schneller werdenden Welt gewann der Gedanke an eine Pilgerreise plötzlich wieder an Bedeutung, wenn auch nicht dieselbe Bedeutung wie ehedem. Immer mehr Menschen suchten die Begegnung mit der Natur und mit sich selbst, wollten den Ausbruch aus einem oft als oberflächlich und zusehends von äußeren Zwängen bestimmten Alltag finden. Seither ist die Anzahl an Pilgern nach Santiago von unter 6000 im Jahr 1989 auf 278000 im Jahr 2016 angestiegen.

Als Bußübung, die mit einem Erlass der Sündenstrafen einhergeht, als Möglichkeit, Gott gnädig zu stimmen, dürften die meisten Leute die Pilgerreise heute wohl nicht mehr sehen. In der Tat machen sich viele Menschen auch ohne besondere religiöse Motivation auf den Weg Richtung Santiago de Compostela. Pilgern bedeutet heute oft Rückbesinnung auf das Wesentliche, eine Auszeit vom Alltagstrott, eine Herausforderung, einen Neuanfang.

Die erste Frage, die sich Novizen zu diesem Weg oft stellen, ist die, wo denn »der Jakobsweg« eigentlich verläuft. Die Antwort scheint manchmal zu lauten: überall. Schließlich kamen die Pilger im Mittelalter auch von überall her in Europa, selbst aus dem südlichen Teil Englands oder aus Skandinavien. Und so überziehen die Pfade, die von den Wallfahrern begangen wurden, Europa denn auch wie ein Netz von Wasseradern und Flüssen. In Franken gibt es verschiedene Strecken des Jakobswegs; die wichtigsten drei sind in diesem Buch beschrieben. Denn wer sich auf den Weg machen will, der muss nicht bis nach Spanien reisen. Es kann schon reichen, aus der eigenen Haustür zu treten, um einen der vielen »Zu- und Nebenflüsse« des Jakobswegs zu finden.

Wenn Sie lange genug dabeibleiben, wird die Strömung Sie forttragen, nach Ulm etwa, wo sich verschiedene Wege vereinen, um dann in einem größeren Strom durch die Schweiz und Frankreich zu gelangen, während unbekannte Ufer an Ihnen vorbeiziehen und fremde Landschaften sowie Begegnungen mit anderen Menschen, Gebräuchen und Herausforderungen auf Sie zukommen …

Über dieses Buch

Seit der ersten Auflage von *Jakobswege in Franken* im Jahr 2005 ist über ein Jahrzehnt verstrichen, und in Sachen Jakobswege hat sich in dieser Zeit allerhand getan. Neue Strecken sind hinzugekommen, Markierungen neu gestaltet worden. Das Interesse am Pilgern ist gewachsen, immer mehr Menschen machen sich auf den Weg – mit ganz unterschiedlichen Ansprüchen und Voraussetzungen. Die einen wollen möglichst günstig reisen und sind dafür bereit, auch mal ein Zimmer zu teilen und auf einem Matratzenlager zu schlafen, andere wandern zwar gerne, wünschen sich aber am Ende des Tages ein schönes Hotelzimmer mit eigener Dusche und einem guten Restaurant, wieder andere sind an möglichst »authentischen« oder ausgefallenen Übernachtungsmöglichkeiten interessiert.

Natürlich ist auch das Angebot an Büchern und Informationen aus dem Internet beständig größer geworden, und es gibt Wanderapps fürs Handy, die theoretisch jeden Wanderführer ersetzen können.

Trotzdem erfreut sich *Jakobswege in Franken* auch im Zeitalter von ViewRanger, Scout und GPS-Tracking großer Beliebtheit und erscheint deshalb jetzt in einer Neuauflage, die den aktuelleren Entwicklungen Rechnung tragen soll, dabei aber dem Grundgedanken des Bandes treu bleibt:

Egal, ob Sie eine Tagestour oder eine mehrtägige Wanderung planen – dieses Buch enthält alle nötigen Informationen für unterwegs aus einer Hand, außerdem Zwischentexte, die Unterhaltsames, Informatives und Nachdenkliches zum Wandern auf dem Jakobsweg bieten.

Jedes Kapitel ist deshalb folgendermaßen aufgebaut:

Unter der Überschrift »**Das liegt vor uns**« erhalten Sie allgemeine Informationen über die Tagesetappe: landschaftliche Besonderheiten, Schwierigkeitsgrad und Hinweise zu Besonderheiten des Weges oder der Markierung. Bei den hier beschriebenen Strecken handelt es sich um den »Fränkischen Jakobsweg« zwischen Lichtenfels und Nürnberg, den »Fränkisch-Schwäbischen Jakobsweg« von Würzburg nach Rothenburg ob der Tauber und den ersten überhaupt vom *Fränkischen Albverein* markierten »Jakobsweg von Nürnberg nach Rothenburg ob der Tauber«. Sie sind alle mit dem Zeichen der Jakobsmuschel markiert und lassen sich meist auch ohne weitere Hilfen gut finden.

Trotzdem ist es oft nützlich, genauer zu wissen, wo man sich gerade befindet und wann man auf die nächste Abzweigung achten sollte. Deshalb folgt mit **»Hier geht's lang«** eine Streckenbeschreibung, die so detailliert wie nötig, dabei aber so lesbar und unkompliziert wie möglich gehalten ist. Gemeinsam mit den Ausschnittskarten, auf denen die Strecke eingezeichnet ist, will dieser Abschnitt dafür sorgen, dass Sie Ihr Etappenziel ohne unnötige Umwege und Unsicherheiten erreichen.

Das Herzstück jedes Kapitels ist die Beschreibung von Sehenswürdigkeiten auf dem Weg und am Zielort, die unter der Überschrift **»Das gibt's zu sehen«** ausgeführt wird. Die Zeiten, in denen so mancher missmutig behauptet hätte, es gäbe hier in Franken, direkt vor der Haustür, doch eigentlich nichts Sehenswertes, sind zum Glück vorbei. Die Region hat ein neues Selbstbewusstsein gewonnen und präsentiert stolz ihre Schmuckstücke und Besonderheiten. Dazu gehören natürlich – immerhin befinden wir uns auf einem alten Pilgerpfad – jede Menge Kirchen und Kapellen. Insbesondere Gotteshäuser, die dem Pilgerpatron Jakobus gewidmet sind, wurden in den Streckenverlauf der Jakobswege einbezogen. So beginnt und endet etwa die älteste markierte Strecke in Nürnberg und in Rothenburg an einer Jakobskirche. Aber auch besondere Rastplätze, schöne Gasthäuser, touristische Attraktionen sowie typische Feste und Veranstaltungen sind hier mit aufgenommen.

Abgeschlossen wird jede Etappe mit ausgewählten Daten zu **Einkehr, Übernachtung, Sehenswürdigkeiten und Tourist-Informationen**. Dabei haben wir versucht, nach Möglichkeit eine gewisse Bandbreite an Angeboten für den kleineren und den größeren Geldbeutel aufzulisten. Allerdings gibt es Wegabschnitte, auf denen der Jakobsweg durch winzige Dörfer und dünn besiedelte, ländliche Gegenden führt, in denen Einkehrmöglichkeiten rar sind. Auch deshalb empfiehlt sich, obgleich wir hier größtmögliche Sorgfalt haben walten lassen, vor allem an den kleineren Orten ein Anruf im Vorhinein, weil sich die Öffnungszeiten manchmal ändern, Gasthäuser schließen, aber auch neue Übernachtungsmöglichkeiten entstehen.

Da bloße Streckenbeschreibungen manchmal doch etwas eintönig werden können, haben wir auch noch ein paar **unterhaltsame, nachdenkliche und informative Kurztexte** zwischen die Tourenkapitel gesetzt, sodass Sie sich am Zielort nicht langweilen müssen, wenn das Gasthaus zu früh schließt oder der Regen Sie im Hotelzimmer festhält.

Informationen zum Weg

Etwa 85 Kilometer lang ist die älteste der drei hier beschriebenen Strecken, die **von Nürnberg nach Rothenburg ob der Tauber** führt. Im Jahr 1995 wurde sie vom *Fränkischen Albverein* mit einer **weißen Muschel auf blauem Grund** markiert. Sie beginnt an der Jakobskirche in der ehemaligen Freien Reichsstadt Nürnberg und führt durch idyllische, teils verschlafene Landschaften mit ein paar Steigungen und durch hügelige Passagen über den alten Markt Roßtal, dessen Laurentiuskirche über eine im fränkischen Raum einzigartige Krypta verfügt, ins mittelalterliche Rothenburg ob der Tauber, wo sich Jakobspilger, Schulklassen sowie amerikanische und japanische Touristen auf den kopfsteingepflasterten Straßen der Innenstadt untereinander mischen.

Der sogenannte »**Fränkische Jakobsweg**« beginnt eigentlich schon in Tillyschanz nahe der tschechischen Grenze; in diesem Buch wird die Strecke aber erst ab der fränkischen Kleinstadt **Lichtenfels** beschrieben. Ausgangspunkt des mit einer **gelben Muschel auf blauem Grund** gekennzeichneten Wegabschnitts ist – wie könnte es anders sein? – natürlich eine Jakobskapelle, aber der Weg führt auch über die berühmte Wallfahrtsstätte Vierzehnheiligen, bringt uns ins wunderschöne Bamberg, weiter durch das Waldidyll südlich davon und durch den Aischgrund, um nach fast 130 Kilometern an der Jakobskirche in **Nürnberg** zu enden. Einzelne Streckenabschnitte dieses Wegs führen über asphaltierte Straßen und eignen sich deshalb besser für Radpilger als die anderen Jakobswege, bei denen Radfahrer oft auf Landstraßen ausweichen müssen, weil die Wege zu unbefestigt sind.

In der Residenzstadt Würzburg beginnt der »**Fränkisch-Schwäbische Jakobsweg**«. Wie sein Name schon andeutet, endet er nicht etwa in Rothenburg ob der Tauber, auch wenn die Beschreibungen dieses Buches das tun, sondern führt aus der mittelalterlichen

Stadtmauer wieder hinaus in Richtung Ulm. Diese Strecke ist mit einer **weißen Muschel auf blauem Grund** markiert und führt uns von **Würzburg** aus am Mainufer entlang, durch idyllische und einsame Dörfer und offene Kulturlandschaften, in denen Einkehr- und Einkaufsmöglichkeiten nicht überall gegeben sind. Auch Rückfahrten an den Ausgangsort gestalten sich für Pilger und Pilgerinnen, die nur eine Tagesetappe im Sinn haben, oft sehr schwierig. Allerdings gibt es Wirte, die bereit sind, Wanderer mit dem Auto abzuholen oder zu einem Bahnhof zu bringen, sodass mit etwas guter Planung eben auch Tagestouren möglich sind. In **Rothenburg** treffen wir wieder auf die von Osten kommende Strecke Nürnberg–Rothenburg.

Anders als der spanische Jakobsweg, der Camino, sind die Jakobswege in Franken zwar manchmal anstrengend, aber durchaus auch für relativ unerfahrene Wandersleute gut zu schaffen. Es gibt hier keine Berge zu übersteigen, und wo immer möglich haben die Wandervereine die Strecken so angelegt, dass sie landschaftlich schöne Pfade bevorzugen und größere asphaltierte Straßen meiden.

Was sollten Sie also dabeihaben auf Ihrem Weg? (Außer diesem Wanderführer natürlich, der Ihnen hoffentlich ein guter Wegbegleiter sein wird.) Gute Wanderschuhe und ein Rucksack sind natürlich ein Muss, ebenso Sonnenschutz und Getränke für die »Durststrecken«, auf denen es kaum Einkehrmöglichkeiten gibt. Wenn Sie in Pfarrämtern oder Pilgerherbergen übernachten wollen, sollten Sie sich einen »Credencial«, also eine Pilgerurkunde ausstellen lassen. In Pfarrämtern und Kirchen bekommen Sie damit unterwegs auch Stempel, die Ihre Strecke dokumentieren – selbst wenn Sie nicht bis Santiago wandern, kann das später eine schöne Erinnerung an die Wanderung sein. Die Beschreibungen und Kartenausschnitte in diesem Buch sollen weitere Karten und Navigationsapps eigentlich unnötig machen, allerdings kann beides im Zweifelsfall durchaus nützlich sein …

Und nun bleibt uns nur noch, Ihnen »Buen camino« – einen guten Weg – zu wünschen!

Denn wir haben hier keine bleibende Statt

»Quo vadis«, wird der auferstandene Jesus im gleichnamigen Buch von Petrus gefragt: Wohin gehst du? Für Pilger ist die Frage einfach zu beantworten: Ich gehe nach Rom, nach Jerusalem, nach Santiago. Oder nach Vierzehnheiligen, zur Wieskirche, nach St. Veit. Oder nach Mekka in Saudi-Arabien, zum Berg Tài Shān in China, nach Kandy auf Sri Lanka.

Wallfahrten zu heiligen Stätten kennen alle Religionen, zu allen Zeiten. Gründe für die Pilgerschaft gab und gibt es viele. Im Mittelalter war das Grab des Apostels Jakobus in Santiago neben Rom und Jerusalem eines der bedeutendsten Wallfahrtsziele des christlichen Abendlandes. Pilgerfahrt konnte Sühne für ein Vergehen sein, konnte von der Hoffnung auf Heilung geleitet sein oder der Erfüllung eines Gelübdes. Nicht zuletzt war eine Wallfahrt auch die einzige Möglichkeit, aus einem fest gefügten Gesellschaftssystem auszubrechen, das sonst kein Ausbrechen erlaubte – eine Gelegenheit, ansonsten unveränderliche Lebensumstände eine Zeit lang hinter sich zu lassen. Ein Mensch konnte so Neues sehen, Abenteuer erleben, als ein Pilger unter vielen mit demselben Ziel einer anderen, besonderen Art von Gemeinschaft angehören.

All diesen Gründen begegnet man bei den modernen Pilgern auch, allerdings oft unter anderen Namen: Abenteuerlust, Selbstfindung, Neuorientierung, Besinnung. Auch heute noch kann Pilgerschaft Ausbruch aus einem Leben sein, das zunehmend von Äußerlichkeiten, von wirtschaftlichen Zwängen oder gesellschaftlicher Erstarrung bestimmt ist.

Der Pilger, die Pilgerin auf dem Jakobsweg entzieht sich den Ansprüchen unserer Zeit auf größtmögliche Effektivität, auf Tempo und Zweckmäßigkeit. Entfernungen und Geschwindigkeiten bekommen ein neues Gesicht, wenn man zu Fuß ans Ziel kommen muss. Ein Pilger lernt, seine Umgebung langsamer und gründlicher zu betrachten, beginnt sogar, sich selbst neu wahrzunehmen – zurückgeworfen auf die eigenen Füße, die Kraft der eigenen Schultern, den begrenzten Besitz dessen, was er in seinem Rucksack tragen kann. Auf unberührten Waldwegen, im Takt der Wanderstöcke, in der Kühle einer Kirche oder auf dem Weg durch eine Stadt: Irgendwann unterwegs erschließt sich vielleicht ein tieferer Sinn der Wanderschaft.

»Die gegenwärtige Welt ist Pilgerschaft; Heimat ist erst die kommende«, formulierte Augustinus die grundlegende Erkenntnis, dass der Mensch in seinem ganzen Leben im Grunde immer ein Wanderer zu einem anderen Ort und einer anderen Bestimmung ist – zu einem Ziel, das sich selbst im besten irdischen Leben niemals ganz erfüllen kann.

»Wohin gehst du?«, wird sich der Pilger auf seinem Weg fragen oder fragen lassen, und vielleicht eine Ahnung davon spüren, was es bedeutet, unterwegs zu sein – nicht nur zu einem sichtbaren Ziel in der Welt, sondern zu einem unsichtbaren Jenseits der menschlichen Bedingungen und Grenzen; alle Pilgerschaft auf Erden ist dafür nur ein Symbol, und doch mehr als ein Symbol: eine fühlbare, erlebbare Umsetzung.

Sigrun Arenz

Von Lichtenfels nach Nürnberg

1 Ich wollt', mir wüchsen Flügel

Lichtenfels–Zapfendorf (ca. 25 km)

Das liegt vor uns

Von Lichtenfels aus beginnen wir unsere Pilgerwanderung über die barocke Wallfahrtskirche Vierzehnheiligen und den Staffelberg mit der Adelgundiskapelle, bis wir, durch die Dörfer Loffeld, Sträublingshof, Dittersbrunn, Prächting und Oberleiterbach, schließlich zu unserem Etappenziel Zapfendorf gelangen. Die vielen Sehenswürdigkeiten auf dieser relativ langen Etappe legen unter Umständen die Anreise am Vortag nahe; Vierzehnheiligen und der Staffelberg, aber auch Lichtenfels lohnen einen ausführlicheren Besuch.

Hier geht's lang

Lichtenfels empfängt uns mit dem stillen Charme einer typisch fränkischen Kleinstadt. Dieses Flair nehmen wir nur zu gerne mit auf unsere urfränkische Etappe durch die Landschaft des Obermains. Startpunkt des Jakobsweges muss natürlich die Lichtenfelser Jakobskapelle sein, wo man auch die Markierung mit der Jakobsmuschel findet. Vom Marktplatz stadtauswärts folgen wir einige Hundert Meter der Bamberger Straße, ehe ein schmaler Fußweg an der Kreuzung zur Conrad-Wagner-Straße links hinauf zur Kapelle führt (»Kapellenweg«). An der Kapelle vorbei gelangen wir dann über einige Treppenstufen zur Langen Straße, die uns nach rechts zurück zur Bamberger Straße bringt. Wir folgen ihr nach links stadtauswärts. (Wer die Tour am Bahnhof beginnt, biegt vor dem Bahnhofsgelände gleich rechts in die Conrad-Wagner-Straße ein, überquert die Bamberger Straße und kommt so direkt an der Kreuzung der beiden Straßen ebenso zum Kapellenweg und St. Jakob.)

Vor uns liegen die einzigen weniger schönen Meter des heutigen Tages, parallel zu den Gleisen, entlang der Bamberger Straße, hinaus aus Lichtenfels. Hinter der Tankstelle schließlich finden wir unsere Markierung und ein Hinweisschild, die uns nach links führen und als letzte urbane Pilgerprüfung die Bundesstraße unterqueren lassen.

Dann geht es entlang einer Halballee hinaus aufs freie Feld, vor uns liegt der Staffelberg, links sehen wir schon bald Vierzehnheiligen und rechter Hand das Kloster Banz – die sogenannte »Goldene Pforte« Frankens und Vorgeschmack auf einen herrlichen Wandertag.

An einer Kreuzung halten wir uns geradeaus und passieren ein Rasthäuschen mit ein paar Bänken, die zu einer ersten Verschnaufpause einladen. Bergan durch den Wald erreichen wir schnell den Besucherparkplatz von **Vierzehnheiligen** und wandern nach links auf die berühmte Wallfahrtsstätte zu. Der Besuch dieses Glanzpunktes Fränkischen Barocks ist ebenso obligatorisch wie eindrucksvoll.

Vorbei an der *Brauerei Trunk*, der alten Klosterbrauerei, führt uns die Jakobsweg-Markierung (vereinigt mit dem blauen »M« des Maintalweges) nach wenigen Metern rechts hinauf in Richtung des Staffelberges. An einer Gabelung ignorieren wir den

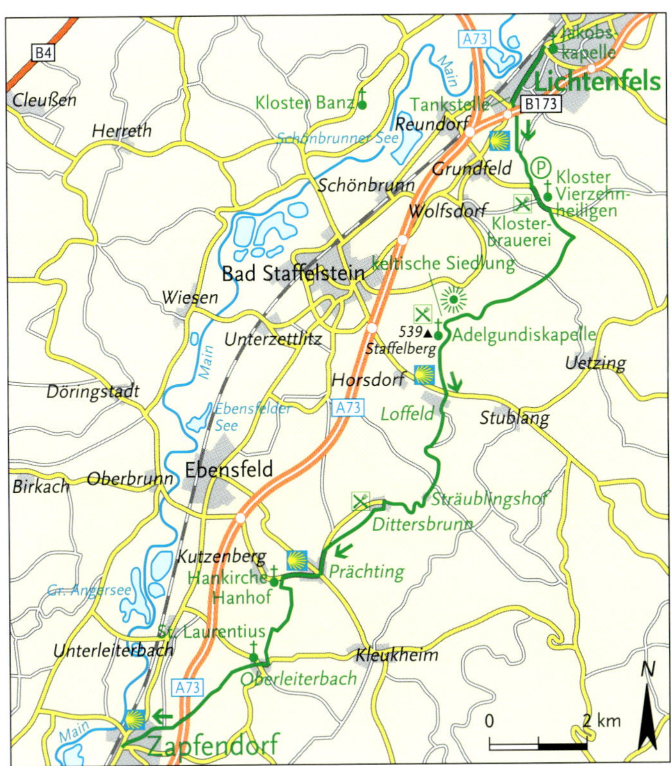

links abzweigenden Weg (es ist der uns entgegenkommende Maintalweg) und gehen geradeaus weiter; wir erreichen einen geschotterten Weg, der uns nach rechts bis auf den **Staffelberg** begleitet. Achtung: Hier gibt es keine Muschel, aber einen Wegweiser mit der Aufschrift »Staffelberg«. Wer den Weg ein wenig durch den Wald abkürzen möchte, kann schon vorher nach rechts abbiegen. Der kleine Waldpfad führt uns auf denselben Schotterweg. Dieser zweigt dann später nach links ab und führt hinauf auf den Staffelberg. Auf dem Plateau des Staffelberges lag einst die keltische Siedlung Menosgada, einige Hinweisschilder erläutern die frühgeschichtlichen Hintergründe.

Der Aufstieg wird mit einer herrlichen Aussicht ins Maintal belohnt, die übrigens Victor von Scheffel zum *Lied der Franken* und der Liedzeile »valeri, valera, ich wollt', mir wüchsen Flügel« inspirierte. Bei aller Euphorie: Vorsicht an der schroffen Abbruchkante. Auch eine Rast im Ausflugslokal (hier gibt es einen kleinen Führer über den Staffelberg zu kaufen) oder der Besuch der Adelgundiskapelle (1654) sind sehr lohnend.

Am südlichen Rand des Plateaus führt uns nun eine Holztreppe wieder steil hinab, gemeinsam mit der Markierung des Main-Donau-Weges, der uns eine Weile begleiten wird. Etwa

Eine Halballee führt uns aus Lichtenfels hinaus – und Richtung Staffelberg.

30 Minuten steigen wir auf einem Schotterweg hinunter durch alte Obstgärten und wenden den Blick gelegentlich zurück. Wir unterqueren schließlich die Landstraße und wandern hinein nach **Loffeld**. Im Ort weisen der Weg und ein Schild nach links in Richtung »Naturfreundehaus«. Hinter Loffeld halten wir uns geradeaus. Es geht aufwärts in den Wald hinein, während die Schotterstraße nach rechts weiterführt. Wir verlassen den Wald auf der Höhe und gelangen übers freie Feld an eine kleine kaum befahrene Landstraße, der wir nach rechts folgen. Ein weiteres Mal grüßt der Staffelberg von der Ferne. Wir sehen bald **Sträublingshof** vor uns liegen. Die Markierung führt uns kurz durch den Wald, am Naturfreundehaus vorbei, bevor wir wieder dem Sträßchen durch den Ort und den sich anschließenden Wald bis **Dittersbrunn** folgen.

Kurz vor Dittersbrunn ist ein Abstecher zur St.-Veits-Kapelle ausgeschildert. Der Jakobsweg führt jedoch über eine kleine Straße steil bergab in die Dorfmitte. Auf der Dorfstraße halten wir uns rechts, lassen den Gasthof links liegen und folgen auf weiteren zwei Kilometern einem Sträßchen nach Prächting.

In **Prächting** wenden wir uns rechts und etwa 100 Meter später mit der Markierung und dem Wegweiser Richtung Hahnhof nach links. Hier steht an der Stelle eines vorgeschichtlichen Hains mit Opferstätte und Grabhügeln die deshalb sogenannte Hainkirche Maria Immaculata. Links an der Kirche vorbei führt der Weg weiter bergan. An einer Kreuzung von Feldwegen geht es geradeaus weiter.

Über Felder und Flure kommen wir bis **Oberleiterbach**. Achtung: Die Feldwege sind nicht ausgeschildert – wir gehen stur geradeaus. 1977 gewann Oberleiterbach Gold bei dem Wettbewerb »Unser Dorf soll schöner werden« – und das sieht man noch immer. Die pittoreske Kirche St. Laurentius mit den Resten einer wehrhaften Friedhofsmauer bleibt rechts liegen, der Weg führt geradeaus – nicht der Dorfstraße folgen! – aus dem Dorf hinaus Richtung Zapfendorf. Kurz darauf folgen wir an einer Abzweigung der blauen Markierung auf dem Boden nach links. Der Jakobsweg ist innerhalb von **Zapfendorf** in Richtung Bamberg bis zur Pfarrkirche St. Peter und Paul ausgeschildert.

Das gibt's zu sehen

Ein Bummel durch **Lichtenfels** lohnt überaus – typisch fränkisch, beschaulich, charmant und voller entdeckenswerter Ecken präsentiert sich die Deutsche Korbstadt dem Besucher. Korbmacherei und Korbhandel sind seit dem 18. Jahrhundert bis heute in Lichtenfels ein wichtiger Wirtschaftsfaktor und werden traditionell in bester Qualität und Handwerkskunst hergestellt. Am dritten Sonntag im September findet der überaus lebendige **Korbmarkt** statt – eine Mischung aus Altstadtfest und Leistungsschau des Korbmacherhandwerks. Ausführlich über die Zunft der Korbmacher informiert das **Deutsche Korbmuseum** im nahen Michelau. Dem aufmerksamen Spaziergänger wird auch ohne den Besuch dieser Touristenattraktionen nicht entgehen, dass Lichtenfels eine besondere Beziehung zur Flechtkunst hat: Eine überlebensgroße Ameise und kleine geflochtene Iglus sind definitiv einen Schnappschuss wert.

Die Silhouette von Lichtenfels prägt der schiefergedeckte Turm der katholischen Pfarrkirche **Mariä Himmelfahrt**. Chor und Langhaus sind gotisch, die Ausstattung barock. Interessant ist ein weniger auffälliges Detail, eingelassen in die Wand des Altarhauses: das bronzene Grabmal des Ritters Wolf von Schaumberg aus der Gießhütte der Vischer in Nürnberg. Die künstlerische Umsetzung ist bemerkenswert sorgfältig, wie beispielsweise der umklappbare Haken auf dem Harnisch zeigt, auf den die Lanze beim Reiten aufgelegt wurde. Unweit der Kirche ist eine Kreuzigungsszene zu bestaunen, die nicht zuletzt wegen der farbenfrohen Gestaltung Eindruck auf den Betrachter macht.

Weitere Sehenswürdigkeiten sind der Marktplatz mit Rathaus, das Stadtschloss, der Kronacher Torturm und das Bamberger Tor. Unterlagen für einen kleinen Stadtspaziergang hält die Tourist-Information am Marktplatz, in der Nähe des Rathauses, bereit.

Die Wallfahrtskirche **Vierzehnheiligen** wurde 1743–1772 von Balthasar Neumann erbaut. Sowohl der aus Kreisen und Ellipsen konstruierte Grundriss als auch die Ausstattung machen Vierzehnheiligen zu einem der bedeutendsten fränkischen Baudenkmäler. Die Kirche steht an der Stelle, an der 1445 und 1446 einem Schäfer gleich zweimal die 14 Nothelfer erschienen sind. Der Gnadenaltar zeigt sie alle mit ihren typischen Attributen.

Ein Höhepunkt fränkischer Barockarchitektur:
die Wallfahrtskirche Vierzehnheiligen

Die Pfarrkirche St. Peter und Paul im Etappenziel Zapfendorf

Die Zuständigkeiten der 14 Nothelfer reichen vom Berufsstand der Architekten über Kopfschmerzen bis zu Anfechtungen in der Stunde des Todes. Ein ausführlicher Besuch dieser beeindruckenden Wallfahrtskirche ist äußerst empfehlenswert. Heute leben in den Klostermauern fünf Franziskaner, die vor allem mit der Wallfahrtsseelsorge beschäftigt sind.

Durch Victor von Scheffels *Lied der Franken* wurde der »heilige Berg der Franken«, der **Staffelberg,** berühmt. Er war jedoch schon nachweislich in der Altsteinzeit besiedelt und als Kultstätte hergerichtet. Die Kelten errichteten auf dem Staffelberg eine durch einen Ringwall geschützte Siedlung mit dem Namen »Menosgada« – die Mainstadt. Die frühbarocke Kapelle ist der heiligen Adelgundis geweiht, die als Schutzpatronin für viele Krankheiten gilt. Landschaftlich besonders lohnend ist der Weg rund um das Plateau mit wunderbarem Blick bis nach Bamberg im Süden und der Veste Coburg im Norden.

Ausgewählte Adressen und Öffnungszeiten

Michelau in Oberfranken

Deutsches Korbmuseum, Bismarckstr. 4, 96247 Michelau i. OFr.
Tel. 0 95 71/8 35 48, www.deutsches-korbmuseum.de
Apr–Okt Di–So 10.00–16.30, Nov–März Di–Do 10.00–15.00, Fr 10.00–12.00

Lichtenfels

Tourist-Information Lichtenfels, Marktplatz 10, 96215 Lichtenfels
Tel. 0 95 71/79 51 01, www.lichtenfels.de

Tourist-Information Oberes Maintal – Coburger Land, Landratsamt
Kronacherstr. 30, 96215 Lichtenfels
Tel. 0 95 71/1 80, www.oberes-maintal-coburger-land.bayern-online.de

Bad Staffelstein

Kur & Tourismus Service, Bahnhofstr. 1, 96231 Bad Staffelstein
Tel. 0 95 73/3 31 20, www.bad-staffelstein.de

OT Vierzehnheiligen – Bad Staffelstein

Basilika Vierzehnheiligen, Vierzehnheiligen 2, 96231 Bad Staffelstein
Tel. 0 95 71/9 50 80, www.vierzehnheiligen.de
Mai–Sep 6.30–20.00, Okt–Apr 7.30–17.00, Do jeweils 9.00–16.00 geschlossen
Führungen nur nach Anmeldung

Adelgundiskapelle, Auf dem Staffelberg, 96231 Bad Staffelstein
Apr–Okt Mo u. Mi–So 10.00–12.00 u. 14.00–17.00, Sa, So u. Fei 14.00–17.00
Nov–März Sa 14.00–16.00

Brauerei Trunk (alte Klosterbrauerei), Vierzehnheiligen 3, 96231 Bad Staffelstein
Tel. 0 95 71/34 88, tägl. 10.00–20.00
Mit Biergarten und Spielplatz

Goldener Hirsch, Vierzehnheiligen 7, 96231 Bad Staffelstein
Tel. 0 95 71/92 66 74, www.goldener-hirsch-14heiligen.de
Tägl. 10.00–18.00

Staffelberg-Klause, Auf dem Staffelberg, 96231 Bad Staffelstein
Tel. 0 95 73/54 37, Apr–Okt Mo u. Mi–Sa ab 10.00, So u. Fei ab 9.00
Nov geschlossen, Dez–März Fr ab 14.00, Sa ab 11.30, So u. Fei ab 9.00
Di Ruhetag

Haus Frankenthal, Vierzehnheiligen 7/9, 96231 Bad Staffelstein
Tel. 0 95 71/92 60, www.bildungshaeuser-vierzehnheiligen.de
Zimmerpreise auf Anfrage

OT Loffeld – Bad Staffelstein

Staffelberg Bräu (»Braustübl«), Mühlteich 7, 96231 Bad Staffelstein
Tel. 0 95 73/59 25, www.staffelberg-braeu.de
Gaststätte: Di–So 10.00–22.00, Mo Ruhetag, Zimmerpreise auf Anfrage

OT Prächting – Ebensfeld

Landgasthof Hummel, Prächtinger Hauptstr. 6, 96250 Ebensfeld
Tel. 0 95 73/30 33, www.landgasthof-hummel.de
Gaststätte: Di–Sa 16.00–23.00, So u. Fei 10.00–23.00, Mo Ruhetag
Einzelzimmer ab 35,00 €, Doppelzimmer ab 25,00 € p. P.

Zapfendorf

Bed & Breakfast Michaela Hofmann, Caspar-Peipas-Str. 8, 96199 Zapfendorf
Tel. 0 95 47/84 60, Doppelzimmer inkl. Frühstück 30,00 € (1 Pers.), 60,00 € (2 Pers.)

Rückfahrt zum Ausgangspunkt

Lichtenfels–Zapfendorf(–Bamberg):
stdl. gute Verbindungen mit RE- und S-Bahn

Romantisches Franken

Es prangt auf allen Prospekten, Angebotskatalogen und Unterkunftsverzeichnissen: »Romantisches Franken«. Romantisch im Sinne von schmalen Tälern, nebligen Wäldern, schroffen Felsen, mittelalterlichen Burgruinen, plätschernden Bächlein, verwachsenen Bäumen und einsamen Mühlen.
Vor allem die Dichter der Romantik mit ihrem Faible für Mythisches, Märchenhaftes, Idyllisches, Schauerliches und Fantastisches ließen sich Ende des 18. Jahrhunderts, ihre Nachfolger dann verstärkt auch in der Mitte des 19. Jahrhunderts von der Landschaft zwischen Mainquelle und Tauber inspirieren. Nachdem die gesellschaftliche Neuordnung nach der gescheiterten Revolution 1848 in Deutschland ausgeblieben war, verloren viele Dichter und Denker den Glauben an den Sieg des Rationalen. Sie entdeckten das als wahrhaftig und natürlich empfundene »einfache Volk« mit seinen Traditionen. Eine ganze Bewegung entstand, die sich in Hirtenspielen erging, aber auch – nach Art einer Bürgerinitiative – Burgruinen schützte und erhielt. Franken war eine Landschaft, in der sich die unerreichbare blaue Blume bestens suchen ließ.
So vieles hat sich seither natürlich verändert, so vieles erkennt man aber auch wieder. Noch immer ragen schroffe Felsen und Burgruinen aus dem Wald. Lithografien zeigen, dass der Anblick zur Zeit der Romantik noch eindrucksvoller gewesen sein muss. Damals war die Bewaldung infolge jahrelanger Schafzucht weitaus geringer – wie vortrefflich passend zur Hirtendichtung.
Noch heute überrascht die Lektüre des Liedes *Wanderfahrt – Das Lied der Franken* von Victor von Scheffel, steht man auf dem Staffelberg.

Zum heil'gen Veit von Staffelstein
komm' ich empor gestiegen
und seh' die Lande um den Main
zu meinen Füßen liegen.
Von Bamberg bis zum Grabfeldgau
umrahmen Berg und Hügel
die breite, stromdurchglänzte Au.
Ich wollt', mir wüchsen Flügel!
Valeri, valera, valeri, valera,
ich wollt', mir wüchsen Flügel.

Zugegebenermaßen ist die Kapelle auf dem Staffelberg der heiligen Adelgundis geweiht, Veit ist zu suchen in Vierzehnheiligen. Davon abgesehen, findet der

Wanderer aber Szenerie und Stimmung dieses Liedes noch heute vor und hält beim Blick vom Staffelberg hinab den Atem an.
Scheffel war gebürtiger Karlsruher und lernte Franken 1848 auf einer Studienfahrt kennen und schätzen. Scheffels Wirtsleute erinnerten sich noch Jahre später, dass sie »mit dem langen hageren Herrn Dr. Scheffel« wandern mussten – zum Trost gegen Entgelt.
Im mittelalterlichen Forchheim – hochgradig romantisch auch heute noch – stoßen wir an das Flüsschen Wiesent. Scheffel verfasste über die Wiesent Verse allerhöchster Gültigkeit für den Wanderer von heute:

Strömst tiefgrün wie ein Alpensee,
Durchsichtig bis zum Grunde ...
Forellen schnalzen in die Höh'
Gern prüft' ich sie im Munde.

Dem ist nichts mehr hinzuzufügen. Außer vielleicht valeri, valera.

Reinhard Weirauch

Das fränkische Rom

2

Zapfendorf–Bamberg (ca. 24,5 km)

Das liegt vor uns

Von Zapfendorf geht es am Main entlang nach Ebing und weiter nach Baunach. Danach erwartet uns ein schönes Teilstück über den von Wald umsäumten Kreuzberg, bis wir schließlich Hallstadt erreichen. Von hier aus kann bedenkenlos der Stadtbus nach Bamberg genommen werden, denn die Strecke zwischen Hallstadt und Bamberg ist weniger reizvoll. Tipp: Wählt man diese Variante, bereits bei der Haltestelle »Ottokirche« aussteigen und dem mittelalterlichen Reisenden in Bamberg auf der historischen Fernhandelsstraße und der Barockachse nachspüren. Auch diese Etappe zählt zu den etwas längeren unserer Pilgerwanderung.

Hier geht's lang

Traurige Berühmtheit erlangte **Zapfendorf** im Zweiten Weltkrieg, als bei einem Fliegerangriff ein Munitionszug getroffen wurde und die Explosion praktisch den gesamten Ort zerstörte. Die Pfarrkirche St. Peter und Paul von 1734–36 wurde, wenn auch verändert, wiederaufgebaut. Unsere Etappe beginnt direkt an der Kirche und führt uns an der Hauptstraße nach rechts, Richtung Norden, bis zum *Gasthof Seelmann*. Gegenüber dem Gasthof führt eine Landstraße in Richtung Rattelsdorf, der wir nun folgen. Nach etwa einem Kilometer biegt ein Feldweg bei einem Rastplatz und einem (sanierungsbedürftigen) Bildstock scharf nach links ab. Der Jakobsweg folgt hier einem Wanderweg, der mit einer grünen »2« markiert ist. Er wird zwischenzeitlich undeutlich und verliert sich in der Wiese, was uns nicht beirren soll – wir halten uns geradeaus. Entlang des Mains verlaufend mündet dieser Weg in einen Feldweg, der uns schließlich nach **Ebing** hineinführt.

Hier treffen wir zum ersten Mal auf unserer Wanderung auf eine Kirche, die St. Jakobus geweiht ist. Um sie zu erreichen, folgen wir im Ort an der Abzweigung der Oberen Straße rechts den Berg hinauf in den Ortskern. Bei der nächsten Möglichkeit biegen wir erneut nach rechts ab in die Kirchstraße und erreichen die Kirche St. Jakobus.

Nach links wandern wir nun wieder hinab und erreichen wenig später den Marktplatz. Auf der linken Seite begrüßt uns *Brauerei Gasthof Schwane*, und auf der rechten Seite der *Landgasthof Drei Kronen* mit fränkischer Küche und Fremdenzimmern. Wir biegen nach rechts ab. Immer geradeaus verlassen wir Ebing auf einem Feldweg. Über das freie Feld erreichen wir schließlich mit der Markierung die vielbefahrene B4, die Coburg mit Bamberg verbindet. Wir überqueren die Bundesstraße und folgen dem Weg auf der gegenüberliegenden Seite. Nach einer scharfen Linkskurve gabelt sich der Weg. Wir halten uns rechts und laufen geradewegs auf das Flüsschen Itz zu. Das Daschendorfer Wehr überquert die Itz. Das Örtchen **Daschendorf** liegt vor uns, doch der Weg führt uns erst mal nach links und verläuft ein Stück parallel zur Straße. Wir lassen uns nicht vom

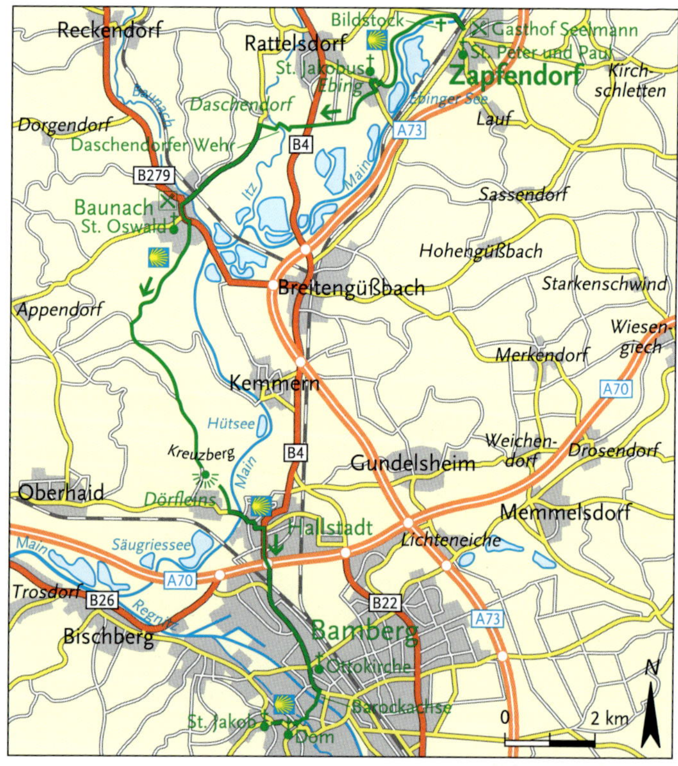

Die Außenwände der St.-Jakobus-Kirche in Ebing bestehen zum Teil aus den Resten der alten Schlossmauer.

doppelten Muschelzeichen verunsichern, sondern halten uns einfach rechts.

Schließlich erreichen wir die Landstraße und folgen dem Radweg nach links bis **Baunach**. Nach den Eisenbahngleisen biegt der Jakobsweg nach links ab, überquert auf einer Fußgängerbrücke die Baunach und erreicht die katholische Pfarrkirche St. Oswald mit ihrem markanten Turm. Die Kirche wurde 816 n. Chr. erstmals urkundlich erwähnt. Wir überqueren den Marktplatz. Dann links, über das Flüsschen Lauter hinweg und sofort wieder nach rechts folgen wir dem Jakobsweg, der sich hier mit dem blauen »M« des Maintalweges vereinigt. Zu unserer Rechten lädt der *Gasthof Zum Felsenkeller* zum Verweilen ein; und kurz darauf stoßen wir, ebenfalls rechts, auf die Magdalenenkapelle, die Grabeskirche des Jakobuspilgers und Stadtpatrons Überkum.

Es geht steil bergan, bevor die Straße Baunach durch ein Wohngebiet verlässt und zu einer kaum befahrenen Landstraße, später zu einem Forstweg, wird. Knapp 100 Höhenmeter verteilen sich bequem auf die etwa sieben Kilometer durch schönen Mischwald, bis wir den **Kreuzberg** erreichen. Von hier führen Treppen wieder hinab, und wir gelangen auf einem Schotterweg zu einem Aussichtspunkt mit Kreuz, Bänken und Gedenksteinen, von dem aus Bamberg bereits zu sehen ist. Links haltend und nach wenigen Metern wieder nach rechts führt der Weg hinab Richtung Dörfleins und Hallstadt, die am Fuße des Berges deutlich sichtbar sind. An dieser Stelle kreuzen wir den »Naturerlebnispfad Hallstadt«. Der Wegesrand wird von zahlreichen Schlehenbüschen gesäumt, aus deren Früchten der typisch fränkische Schlehengeist hergestellt wird – Balsam für die Verdauung nach einem deftigen fränkischen Abendessen. Steil geht es hinab, der Weg verlässt den Naturpark Haßberge. Gleich drei verschiedene Einkehrmöglichkeiten locken in der nahen Umgebung: der Bierkeller *Diller Keller*, die *Gaststätte Rabenhorst* sowie die *Brauerei Eichhorn* in **Dörfleins.** Wir gelangen schließlich an den Main zu unserer Linken, der überschritten wird, und erreichen **Hallstadt**.

Im Ort gehen wir die Mainstraße entlang, bis wir auf die Bamberger Straße treffen, die uns nach rechts Richtung Bamberg führt. Als letzte Einkehrmöglichkeit vor Bamberg bietet sich der *St. Georgenhof* auf der linken Seite der Bamberger Straße an. Die Route ist nun bis Bamberg wenig attraktiv, führt an der Straße stadtauswärts und später auf einem parallel verlaufenden

Fahrradweg bis **Bamberg**. Wer diese zwei Kilometer vermeiden will, nutzt die regelmäßig verkehrenden Stadtbusse zwischen Hallstadt und Bamberg.

Das gibt's zu sehen

Jakobsstab und Muschel sind das Motiv des Ebinger Stadtwappens. Bereits im Jahr 800 wurde **Ebing** erstmals urkundlich erwähnt und war wohl ein relativ bedeutender Ort. Die Kirche steht an der Stelle des ehemaligen Schlosses, die Kirchenmauer besteht aus Resten der alten Schlossmauer.

Nach dem Abstieg vom Kreuzberg bringt uns ein kurzer Abstecher nach rechts hinein nach **Dörfleins** zu einem der ältesten und größten Bildstöcke im Bamberger Land. Angeblich bereits seit seinem Entstehen 1361 unter dem Namen **»Wetterkreuz«** bekannt, ist dieser gotische Bildstock ausgezeichnet erhalten. Die Ecksäulen weisen in die vier Himmelsrichtungen.

Rund 1 000 Jahre europäische Geschichte und Kunst, die sich in der historischen Altstadt widerspiegeln, machen **Bamberg** zu einem weltweit einmaligen Bauensemble und zu einer aufregend

Das malerische Klein-Venedig am östlichen Ufer der Regnitz

Bamberg, das »fränkische Rom«: mit Altem Rathaus, Dom und Michaelsberg

schönen Stadt. Im Jahr 1993 nahm die UNESCO Bamberg deshalb in das Weltkulturerbe auf.

Der spätere Kaiser des Heiligen Römischen Reiches Deutscher Nation, Heinrich II., suchte 1007 eine adäquate Hauptstadt. Den Plan, Rom zur Hauptstadt zu machen, musste er verwerfen, so fiel seine Wahl auf Bamberg – eine rein strategische Überlegung, denn ein neues Verwaltungszentrum war in dieser Zeit weder möglich noch notwendig. Doch Bamberg lag günstig. Und: Bamberg verfügte über sieben Hügel, auf denen man ein Abbild Roms planen konnte. Man baute auf jeden der Hügel eine Kirche: den Dom, die Kirchen St. Michael und St. Stefan, die Karmeliterkirche, die Obere Pfarre, die St.-Jakob-Kirche und – außerhalb der Stadt gelegen – die Altenburg, die später der Sommersitz des Bamberger Bischofs war.

Alle diese Kirchen sind einen Besuch wert. Im Ursprung romanisch oder gotisch mit barocken Fassaden und Innenausstattungen finden sich hier Spuren einer 1 000-jährigen Bautätigkeit. Auf dem Stadtplan wird ein weiteres symbolträchtiges Detail augenfällig: Verbindet man diese Kirchen miteinander, ergibt sich die Form eines Kreuzes. Dies wiederum bezieht sich auf den

Grundriss des Himmlischen Jerusalems der *Apokalypse* des Johannes. Bauplanerisch umgesetzt manifestierte sich so der Anspruch des Kaisers, weltliche und geistliche Macht zu vereinen.

Wer von Hallstadt aus den Bus genommen hat, dem sei empfohlen, bereits an der Haltestelle »Ottokirche« auszusteigen. Auf dem Jakobsweg von der **Ottokirche** bis hin zu St. Jakob lassen sich viele hochinteressante bauliche Details des 17. und 18. Jahrhunderts entdecken.

Die Siechenstraße, im Verlauf dann **Königstraße**, der wir stadteinwärts folgen, entspricht der alten Fernhandelsstraße zwischen Leipzig und Nürnberg und war Teil des sogenannten »Romwegs«, der Skandinavien mit Italien verband. Dieser Weg führte damals noch an der Stadt vorbei, nicht durch sie hindurch. Die zahlreichen Gasthäuser und insbesondere die hohen und breiten Eingangstore der Häuser zeugen heute noch davon, dass Händler hier Unterkunft suchten, ihre Waren einlagerten und umschlugen.

1693 bestieg Lothar Franz von Schönborn den Bamberger Bischofsstuhl. Er und sein Neffe und Nachfolger – nach eigenem Bekunden unheilbar »vom Bauwurm befallen« – prägten das Gesicht Bambergs nachhaltig. Die mittelalterliche Struktur Bambergs entsprach so ganz und gar nicht den absolutistischen Vorstellungen einer Residenz und machte es zudem unmöglich, eine Stadt auf dem Reißbrett zu entwerfen, wie es beispielsweise in Karlsruhe, Mannheim oder im benachbarten Erlangen geschah. Die Schönborns reagierten auf diese Gegebenheiten, indem sie zumindest eine »barocke Stadtachse« bis zur Residenz planten. Durch geschickte Baupolitik und Subventionen brachten sie die Bürger Bambergs dazu, entlang dieser Achse nicht mehr traditionelle Fachwerk-, sondern barocke Steinhäuser mit mindestens zwei Stockwerken zu bauen. Beginnend an der Ecke Königstraße/Kettensteg liegen an dem Weg zur bischöflichen Residenz deshalb noch heute eine Vielzahl bedeutender Bauten, so zum Beispiel das Bauensemble am **Maxplatz** mit dem ehemaligen Priesterseminar (heute das Rathaus) und dem ehemaligen Katharinenspital (heute ein Warenhaus), die von Balthasar Neumann gebaut wurden, sowie dem Wohnhaus des Architekten Johann Dientzenhofer (Maxplatz 8). Auch St. Martin und den Neptunsbrunnen am **Grünen Markt**, das **Alte Rathaus** und natürlich den **Domplatz** mit Dom, Alter Hofhaltung und dem barocken Höhepunkt, der bischöflichen Residenz, sollte man nicht versäumen.

Ausgewählte Adressen und Öffnungszeiten

Zapfendorf (s. auch S. 26)

Markt Zapfendorf, Herrngasse 1, 96199 Zapfendorf
Tel. 0 95 47/8 79-0, www.zapfendorf.de

Ebing

Landgasthof Drei Kronen, Marktplatz 18, 96179 Ebing
Tel. 0 95 47/3 43, www.dreikronen-ebing.de
Gaststätte: Mi–Sa ab 16.00, So u. Fei 10.00–14.00, Mo u. Di Ruhetag

Einzelzimmer 30,00 €, Doppelzimmer 56,00 €, inklusive Frühstück

Baunach

Brauerei Sippel, Burgstr. 20, 96148 Baunach
Tel. 0 95 44/24 88, aktuelle Öffnungszeiten telefonisch erfragen!

Hallstadt

Stadt Hallstadt, Marktplatz 2, 96103 Hallstadt
Tel. 09 51/75 00, www.hallstadt.de

Hotel Goldener Adler, Lichtenfelser Str. 35, 96103 Hallstadt
Tel. 09 51/9 72 70, www.hotel-goldeneradler.de
Gaststätte: Mo–Sa 12.00–22.00, So Ruhetag
Zimmerpreise auf Anfrage

Hotel Bamberg Inn, Bamberger Str. 76, 96103 Hallstadt
Tel. 09 51/7 12 21, www.hotel-bamberg-inn.de
Einzelzimmer ab 35,00 €, Doppelzimmer ab 50,00 €

Die Kirche St. Jakobus der Ältere in Herrnsdorf:
Vor der ehemaligen Wehrmauer finden sich wertvolle Informationen für Pilger.

Wanderer. Die Reundorfer *Brauerei Müller* betreibt hier den **Schmausenkeller**. Das Wort »schmausen« ist selbsterklärend, »Keller« bezieht sich darauf, dass die Brauer ihr Bier früher außerhalb des Ortes in Stollen lagerten, die in den weichen Sandstein der fränkischen Hügel getrieben wurden. Die Einheimischen packten anno dazumal eine deftige Brotzeit zusammen und pilgerten dem Bier hinterher. Sie gingen »auf den Keller«. Noch immer ist es Brauch, dass man seine Brotzeit selbst mitbringt. Auf dem *Schmausenkeller* kann sich jeder selbstverständlich auch eine fränkische Brotzeit servieren lassen. Die »Kellerplatte« bietet von allen Spezialitäten etwas. Typisch und empfehlenswert ist zum Beispiel der »Zwetschgenbames«. Das Wort hat es noch nicht in den Duden geschafft, die Schreibweise variiert von Wirt zu Wirt. Immer aber handelt es sich um einen geräucherten und luftgetrockneten Schinken vom Rind, der jederzeit mit der luftgetrockneten italienischen oder spanischen Konkurrenz mithalten kann. Beim *Schmausenkeller* ist der »Zwetschgenbames« natürlich aus eigener Schlachtung und das Bier aus der eigenen Brauerei.

Der Franke gilt als sesshaft, böse Zungen nennen ihn provinziell, sein Charme ist eher rau. Und trotzdem entbehren diese Eigenschaften nicht eines gewissen Flairs. Mit Händen greifbar

Ein bedeutendes Zeugnis klösterlicher Kultur in Schlüsselau

wird die fränkische Seelenlandschaft in der **Brauerei Barnikel** in **Herrnsdorf**. Seit 1366 (!) durchgehend als Familienbetrieb geführt, ist »der Barnikel« die Brauerei mit der längsten Tradition und in der Region weithin bekannt. Saisongerichte, wie Spargel oder Wild, kann man hier verkosten und eine echte oberfränkische Bierspezialität: feines Rauchbier. Die eigene Schlachterei und Brennerei tun ihr Übriges.

Kulinarischer Höhepunkt ist der **Kreuzberg** zwischen Schnaid und Hallerndorf. Kurz bevor man den Aischgrund erreicht, befinden sich um die **Wallfahrtskirche** herum allein drei Bierkeller mit eigenen Brauereien und der Spezialität des Aischgrunds: Karpfen. Traditionell dauert die Karpfensaison nur von September bis April. Diese Hygienevorschrift stammt aus dem Mittelalter und sollte in den kühleren Monaten die Haltbarkeit verlängern. Heute ist das nur mehr Tradition, an der die Franken aber verbissen festhalten und dafür jährlich durch Vorfreude belohnt werden. Die Römer führten den Karpfen aus Asien ein, die Mönche taten ihr Bestes, ihn zu verbreiten, galt er doch als die ideale Fastenspeise. Die Franken schließlich haben Karpfenzucht und -zubereitung veredelt – sie verehren, züchten, feiern und essen ihn – in heißem Fett gebacken, mit Kartoffeln und Salat. Auf dem Kreuzberg gibt es Karpfenvariationen in bester Qualität und wunderbarem Ambiente.

Die einstige Kirche zur Schmerzhaften Dreifaltigkeit des **Zisterzienserinnen-Klosters** in **Schlüsselau** gilt auch wegen ihrer herrlichen Lage als ein bedeutendes Zeugnis klösterlicher Kultur in Franken. Die Kirche wurde in mehreren Bauabschnitten zwischen dem 14. und dem 18. Jahrhundert erbaut. Von den einstigen Klostergebäuden ist der benachbarte Renaissancebau mit einem schönen Portal erhalten. Im Inneren der Kirche ist besonders das Kruzifix an der Südwand des Langhauses von Bedeutung. Es stammt aus der zweiten Hälfte des 13. Jahrhunderts, also aus der Zeit der Zisterzienserinnengründung. Typisch für die frühe Gotik ist die Strenge der Darstellung.

Bamberg (s. auch S. 37.)

Brauerei Greifenklau, Laurenziplatz 20, 96049 Bamberg
Tel. 09 51/5 32 19, www.greifenklau.de
Di–Sa 10.30–23.30, So 10.00–14.00, Mo Ruhetag

OT Reundorf – Frensdorf

Schmausenkeller, Am Bahnhof 13, 96158 Frensdorf
Tel. 0 95 02/6 08, www.schmausenkeller.de
März–Sep Mo–Fr ab 16.00, Sa ab 15.00 (bei warmem Wetter ab 12.00), So ab 11.00
Do bei Schlechtwetter Ruhetag
Okt Mo, Di, Fr u Sa ab 16.00, So ab 11.00, Mi u. Do Ruhetag
Nov geschlossen (außer 1. Nov ab 11.00), spezielle Öffnungszeiten an Fei beachten!

OT Herrnsdorf – Frensdorf

Brauerei Barnikel, Dorfstr. 5, 96158 Frensdorf
Tel. 0 95 02/2 93, www.brauerei-barnikel.de
Mo, Di u. Do–So 10.00–23.00, Mi Ruhetag

OT Schlüsselau – Frensdorf

Kath. Pfarramt Schlüsselau Schmerzhafte Dreifaltigkeit
Schlüsselau 2, 96158 Frensdorf
Tel. 0 95 02/2 02, www.pfarreien.erzbistum-bamberg.de

Hallerndorf

Gemeinde Hallerndorf, Von-Seckendorf-Str. 10, 91352 Hallerndorf
Tel. 0 95 45/4 43 90, www.hallerndorf.de

Bamberg

Bamberg Tourismus & Kongress Service, Geyerswörthstr. 5, 96047 Bamberg
Tel. 09 51/2 97 62 00, www.bamberg.info

Diözesanmuseum u. -pilgerbüro, Domplatz 5, 96049 Bamberg
Tel. 09 51/50 25 02, www.eo-bamberg.de
Di–So 10.00–17.00

Historisches Museum, Alte Hofhaltung, Domplatz 7, 96049 Bamberg
Tel. 09 51/5 19 07 46, www.museum.bamberg.de
Apr–Okt Di–So u. Fei 10.00–17.00, Nov–März nur während Sonderausstellungen

Kaiserdom, Domplatz, 96049 Bamberg
Mai–Okt Mo–Mi 9.00–18.00, Do u. Fr 9.30–18.00, Sa 9.00–11.30 u. 13.00–16.30
So 13.00–18.00
Nov–März Mo–Mi 9.00–17.00, Do u. Fr 9.30–17.00, Sa 13.00–16.30
So 13.00–17.00
Führungen:
Mai–Okt Mo–Sa 10.30, 14.00 u. 15.00, So 14.00 u. 15.00
Nov–Apr Mo–Sa 10.30 u. 14.00, So 14.00

St.-Jakob-Kirche, Jakobsplatz, 96049 Bamberg
Tägl. 9.00–16.00 geöffnet

Restaurant Hotel Alt-Ringlein, Dominikanerstr. 9, 96049 Bamberg
Tel. 09 51/9 53 20, www.altringlein.com
Gaststätte: tägl. 11.00–23.00, Zimmerpreise auf Anfrage

Hotel Altenburgblick, Panzerleite 59, 96049 Bamberg
Tel. 09 51/9 53 10, www.altenburgblick.de
Doppelzimmer NS ab 34,50 € p. P., HS ab 41,50 € p. P., inklusive Frühstück

Rückfahrt zum Ausgangspunkt

Bamberg–Zapfendorf:
stdl. gute Verbindungen mit RE- oder S-Bahn

3 Die kulinarische Etappe

Bamberg–Hallerndorf (ca. 23 km)

Das liegt vor uns

Von Bamberg aus starten wir diese schöne, waldreiche Etappe durch die fränkische Dorfidylle. Wir kommen an Höfen, Reundorf, Herrnsdorf sowie an Schlüsselau mit seiner Wallfahrtskirche vorbei, gelangen schließlich über Schnaid auf den Kreuzberg bei Hallerndorf, der uns nicht nur mit einer Kapelle, sondern auch mit vier Bierkellern ortsansässiger Brauereien lockt. Die kleinen Kirchen lohnen einen Besuch, die hübschen Dörfer sind einladend und die Gastronomie bürgerlich, aber von bester Qualität. Achtung: Auf dem Teilstück zwischen Bamberg und Forchheim gibt es keine Übernachtungsmöglichkeiten direkt am Jakobsweg. Ein kleiner Umweg vom Kreuzberg hinab führt uns aber zu dem schönen *Landgasthof Rittmayer* nach Willersdorf. Mit ca. 23 km nimmt unser Tagespensum ein wenig ab, es bleibt also etwas mehr Zeit für die kulinarischen Verlockungen dieser Etappe.

Hier geht's lang

In **Bamberg** führt uns der Jakobsweg von der **St.-Jakob-Kirche** in südlicher Richtung hinab und am Fuß des Jakobsberges halblinks am Karmeliterkloster vorbei bis zum Kaulberg, dem wir nach rechts folgen. Eine ganze Weile gehen wir bergauf, ehe der Kaulberg zu einer vierspurigen Ausfallstraße (Buger Straße) wird und uns schließlich ans Bamberger Klinikum führt. Wer den beschwerlichen Weg aus der Stadt hinaus scheut, kann auch bequem mit dem Stadtbus bis zum Klinikum fahren.

Hier beginnt der **Bruderwald** – ein beliebtes Ziel der Bamberger Sonntagsspaziergänger. Der Jakobsweg weist uns beim Wendehammer geradewegs in das Gehölz, unser nächstes Ziel Höfen ist bereits angeschrieben. In diesem pilzreichen, wunderschönen Mischwald vergessen wir bald den Unbill der Asphaltstraße. An der nächsten Kreuzung halten wir uns rechts und wenig später an einer Weggabelung links.

Nach etwa zwei Kilometern verlassen wir den Wald, überqueren rechtshaltend die Aurach und werden in **Höfen** äußerst gastlich durch einen Biergarten empfangen, der uns zur Hauptstraße führt. Die Muschelmarkierung kürzt den Weg etwas ab, mündet jedoch auch unweit des Biergartens in die Hauptstraße. Wir wenden uns nach rechts und finden hinter der Kirche den Reundorfer Weg, dem wir nach links folgen. Achtung: Nach wenigen Metern weist der Weg in einen Bauernhof. Hinter dem überdachten Durchgang zwischen zwei Scheunen sieht man bereits den Feldweg, der uns weiter in südlicher Richtung bringt. Keine Hemmungen, denn das Überqueren des Hofes ist also durch den Besitzer gestattet.

Etwa 400 Meter hinter dem Hof weist eine an einer Scheune angebrachte Markierung in einen wunderbaren Buchenmischwald und kurz darauf eine weitere, an einem Baum befindliche Markierung nach links. Auf uns wartet der beschwerliche Aufstieg auf den **Distelberg**. Nach etwa einem Kilometer und auf circa 370 Metern Höhe senkt sich der Weg wieder hinab nach **Reundorf.**

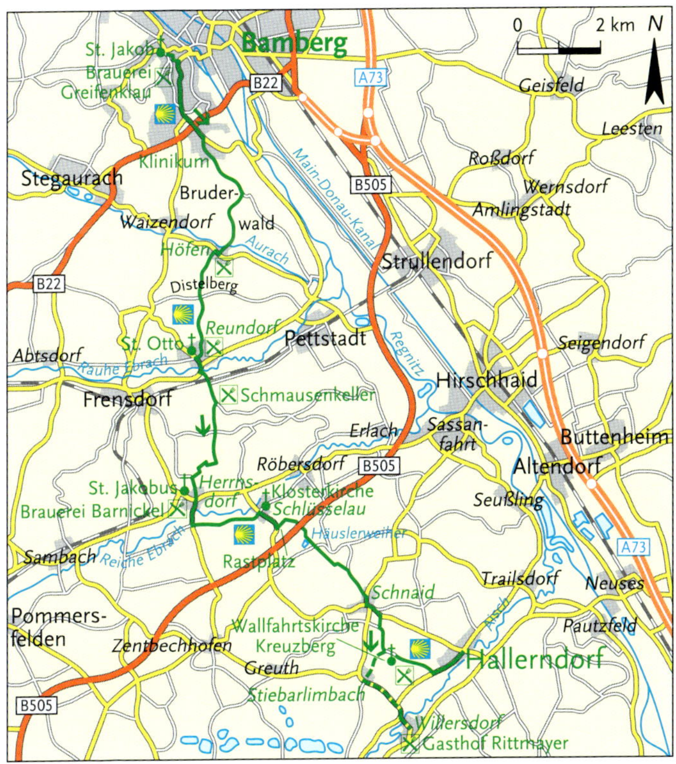

Die asphaltierte Distelbergstraße begleitet uns auf den letzten Metern in den Ort und zur Pfarrkirche St. Otto. Gegenüber sorgt der *Gasthof Dotterweich* mit einem kleinen Biergarten für das leibliche Wohl. Hier halten wir uns links, folgen ein Stück dem Radwanderweg und verlassen Reundorf in Richtung Frensdorf. Direkt hinter der Brücke, die uns über die »Rauhe Ebrach« führt, zweigt der Weg nach links ab, ein Wegweiser zeigt die Richtung zum *Schmausenkeller* an. Nachdem wir eine Bahnlinie überquert haben, halten wir uns an einer Kapelle geradeaus und treffen auf den *Schmausenkeller*, ein vielversprechender Name, der alle Verheißungen erfüllt.

Der Jakobsweg führt entlang dem Waldrand weiter. Nach wenigen Schritten gehen wir in den Wald hinein, zunächst geradeaus, an der ersten großen Gabelung rechts und nach wenigen Metern erneut rechts. Noch einmal müssen wir hier am Rande des Mainbergs etwas steigen. Wenn sich der Weg wieder senkt, weist uns die Markierung nach links und folgt einem kleinen Waldpfad. Nun zieht sich der Weg am Rand des Berges entlang, bis er auf eine Forststraße trifft, an der wir uns nach rechts wenden. Noch einmal halbrechts an einer Wegkreuzung am Waldrand, dann links und mit der Markierung wieder links, nun sehen wir **Herrnsdorf** und gehen darauf zu. Nicht verunsichern lassen: Der Jakobsweg nähert sich Herrnsdorf in einem leichten Zickzack.

Inzwischen hat man sich an diesem noch sehr jungen Jakobsweg auch auf die Pilger eingestellt, und man kann sich in der *Brauerei Barnikel* oder bei Familie Dotterweich (Am Seeberg 10) einen Pilgerstempel abholen. Die hübsche Herrnsdorfer Pfarrkirche St. Jakobus d. Ä. mit der eindrucksvollen, teilweise noch erhaltenen Wehrmauer lohnt zudem einen kurzen Besuch. In südlicher Richtung verlassen wir Herrnsdorf auf der Landstraße nach Zentbechhofen und überqueren nach wenigen Metern nun das Flüsschen »Reiche Ebrach«. Auf der Höhe des Sportplatzes folgen wir der Asphaltstraße nach links. Nach zwei Kilometern erreichen wir **Schlüsselau**. Hier kann man, sofern interessiert, einen kleinen Abstecher zur Wallfahrtskirche Schmerzhafte Dreifaltigkeit machen, die sich unweit des Weges befindet. Der Jakobsweg weist gemeinsam mit dem Steigerwald-Radweg nach rechts, hinaus aus Schlüsselau. Die Landstraße führt bergauf. Oben lädt ein Rastplatz an einem Kruzifix zu einer kleinen Verschnaufpause ein. Wir genießen den traumhaft schönen Blick zurück ins Tal. Dann wenden wir uns von der Straße weg scharf nach links und folgen parallel zur in einiger Entfernung sichtbaren B 505 dem geschotterten Weg, der uns in den Wald führt. Rechts haltend unterqueren wir schon bald die Bundesstraße und wenden uns circa 100 Meter nach der Unterführung erneut nach rechts.

Der »Häuslerweiher«, der rechter Hand liegen bleibt, zeigt uns an, dass wir uns langsam, aber sicher der Aisch und damit der Wiege der fränkischen Karpfenzucht nähern. Zunächst aber stoßen wir auf eine Asphaltstraße und folgen ihr nach links. An einer scharfen Linkskurve zweigt ein Waldpfad nach rechts ab. Wir steigen stetig geradeaus bergan und ignorieren alle Wege, die nach rechts und links abgehen. Der romantische Waldpfad verlässt den Forst. **Schnaid** liegt vor uns. Der schmucke Ort ging vermutlich im 8. Jahrhundert aus einer freibäuerlichen Siedlung hervor. Auf der Hauptstraße halten wir uns rechts Richtung Ortsmitte.

Wir durchwandern Schnaid in Richtung Willersdorf und verlassen den Ort. Nach etwa 300 Metern weisen Schilder nach links zum Kreuzberg, die Wallfahrtskirche ist bereits vor uns zu

Der *Schmausenkeller* lädt auf halber Strecke zur Brotzeit.

sehen. Dass der Muschelkamm hier in die falsche Richtung zeigt, stört uns nicht weiter, denn ein schwarzer Pfeil darunter korrigiert die Richtungsangabe. Die Kreuzverehrung war dort einmal Ziel größerer Prozessionen. Noch immer finden Gottesdienste statt, viel weltlicher ist allerdings das Anliegen der meisten »Wallfahrer«, die heute den Kreuzberg besteigen. Drei Brauereien haben dort seit dem 18. Jahrhundert ihre Keller. Konkurrenz belebt hier wirklich das Geschäft. Die Qualität der Angebote ist ausgezeichnet.

Nachdem wir fränkische Spezialitäten unter schattigen Bäumen verkostet haben, führt uns der Jakobsweg gemeinsam mit der Gelben-Raute-Markierung hinab in den Unteren Aischgrund und an der Straße links hinein nach **Hallerndorf.** Im Gemeindegebiet Hallerndorf gibt es bei knapp 4000 Einwohnern sechs private Brauereien. Der ideale Ort, um die müde gewanderten Beine unter einem Wirtshaustisch auszustrecken.

Das gibt's zu sehen

Es fällt leicht, die Franken zum Fressen gern zu haben. Die Gegend ist sicherlich nicht das Richtige für den Gourmet, der es exotisch mag, viel eher für den Gourmand, der sehr gute bürgerliche Küche und Qualität zu wirklich moderaten Preisen schätzt. Diese Etappe bietet sich dazu an, einen Schlemmerausflug in die Welt fränkischer Genüsse zu unternehmen.

Bereits ganz zu Anfang unserer Wanderung finden wir in **Bamberg** am Kaulberg rechter Hand die **Brauerei Greifenklau**. Die Vielfalt fränkischer Biere ist weltweit einmalig. Allein in Bamberg gibt es neun private Brauereien. Die *Brauerei Greifenklau* ist nicht die älteste, sicherlich aber eine der ursprünglichsten Bamberger Brauereien und genießt besonders bei den Einheimischen einen ausgezeichneten Ruf. Hervorragend ist das Lagerbier, das bestens zu den Braten mit Bamberger Wirsing passt oder zu den sogenannten »Blauen Zipfeln«. Hierbei handelt es sich um feine fränkische Bratwürste, die in einem Sud aus Essig, Zwiebeln, Wurzelzeug, Nelken und Gewürzen gar gezogen werden. Unbedingt probieren!

In **Reundorf** – vielmehr etwa einen Kilometer außerhalb der Ortschaft – wartet ein wahrlich einladender Biergarten auf den

Brauhaus am Kreuzberg, Kreuzberg 1, 91352 Hallerndorf
Tel. 09545/47 36, www.brauhaus-am-kreuzberg.de
Tägl. ab 11.00

Brauereigaststätte Rittmayer, Trailsdorfer Str. 4, 91352 Hallerndorf
Tel. 0 95 45/50 92 14, www.rittmayer.de
Mi–Fr 17.00–23.00, Sa u. So 11.30–14.00 u. 17.00–23.00, Mo u. Di Ruhetag

Brauerei Lieberth, Forchheimer Str. 2, 91352 Hallerndorf
Tel. 0 95 45/85 58
Mitte Okt–Karfreitag Di u. Do ab 18.00, Fr 11.00–14.00 u. ab 16.00
So 10.00–12.00 u. ab 17.00, Mo, Mi u. Sa Ruhetag
Dorfkeller: Apr–Sep Mo–Fr ab 15.30, Sa ab 15.00, So u. Fei ab 10.00

OT Willersdorf – Hallerndorf

Landgasthof-Hotel Rittmayer, Willersdorf 108, 91352 Hallerndorf
Tel. 0 91 95/9 47 30, www.hotel-rittmayer.de
Einzelzimmer ab 49,00 €, Doppelzimmer ab 69,00 €, inklusive Frühstück

Willersdorf liegt etwa 2 km westlich von Hallerndorf. Abkürzen kann man diese Strecke, indem man sich auf dem Kreuzberg rechts hält und über Stiebarlimbach absteigt, Markierung mit gelbem Senkrechtstrich.

Rückfahrt zum Ausgangspunkt

Hallerndorf–Forchheim(–Eggolsheim–Bamberg):
Mo–Fr stdl. mit Buslinie 265. Von Forchheim Regionalzug stdl. zurück nach Bamberg

Pilgern 2.0
Ein Kulturgut im Wandel

»Wenn zwei das Gleiche tun, ist es nicht dasselbe« – schon die alten Römer wussten das. Eine antike Weisheit also, die eine gewisse Zeitlosigkeit für sich beanspruchen darf und darüber hinaus nahezu multifunktional anwendbar ist: Auch aufs Pilgern und Wallfahren lässt sie sich münzen. Denn Pilgern und Pilgern, das ist nicht dasselbe – erst recht nicht, wenn man ein »heute« und ein »damals« ergänzt.

Zugegeben, den Römern der Antike war das Konzept des Pilgerns nicht annähernd so vertraut wie ihren heutigen, christlichen Nachfahren. Wesentlich beschlagener auf diesem Gebiet waren ihre griechischen Zeitgenossen. Deren Wallfahrtsorte umgibt noch heute der Nimbus des Mythischen: das legendäre Orakel von Delphi, das dem Gott Apollon geweiht war, sowie das Artemision von Ephesos, der seiner olympischen Zwillingsschwester Artemis gewidmete Tempel – beide waren beliebte Wallfahrtsziele der vorchristlichen Zeit. Natürlich waren und sind spirituelle Reisen nicht nur den westlichen Zivilisationen vorbehalten. Wir alle haben schon vom sagenumwobenen Mekka gehört, dem jeder gläubige Muslim zumindest einmal im Leben einen Besuch abstatten muss. Auch die aus Indien stammenden hinduistischen und buddhistischen Traditionen kennen Pfade der Erleuchtung, die jeglicher Metaphorik entbehren, sondern im wahrsten Sinne des Wortes gangbar sind.

Dass die Pilgerreisen auf dem Jakobsweg, die sich ausgerechnet in unserem modernen, säkularisierten, beinahe unerträglich aufgeklärten 21. Jahrhundert wieder größter Beliebtheit erfreuen, im christlichen Kulturkreis zu verorten sind, wäre eigentlich keiner Erwähnung wert. Und doch scheinen sowohl die religiösen Konnotationen als auch die historische Dimension dieser Sonderform des Reisens vielen heutigen Pilgern nicht unbedingt bewusst zu sein. Unsere explizit christliche Auffassung vom Pilgern entspringt mittelalterlichen Vorstellungen, als das Pilgern noch in einem vollkommen anderen Licht gesehen wurde – dem flackernden Schein des Purgatoriums, des unsägliche Qualen verheißenden Fegefeuers.

Was heute Erholung, Entschleunigung und Selbstfindung ist, war damals Buße, Selbstkasteiung, Ablasshandel. Und eigentlich nichts für Protestanten, war es doch von Martin Luther höchstselbst verunglimpft worden, der es schlichtweg als »Narrenwerk« bezeichnet hatte. »Lauf nicht dahin, man weiß nicht, ob Sankt Jakob oder ein toter Hund da liegt.« Nun gut – von jemandem, der es wagt, in Zeiten der Inquisition 95 Thesen an eine Kirchentür zu schlagen, die nach

damaligen Maßstäben durch die Bank blasphemisch waren, darf man wohl kein zahmes Mundwerk erwarten.
Und der Volksmund schien ihm recht zu geben: »Du gehst als Pilger und kommst als Hure zurück«, so ein geflügeltes Wort der damaligen Zeit. Und eine Anspielung auf die katastrophalen Zustände auf den Pilgerwegen, als das Pilgern in Spätmittelalter und Früher Neuzeit auch als Strafe von Gerichten verhängt wurde und es dort in der Folge von kriminellem Gesindel wimmelte, das während des Pilgerns ein Auskommen im Taschendiebstahl oder Wegelagern fand. Da nimmt es nicht wunder, dass manch ein gut betuchter Adeliger sich diese Strapazen ersparte und kurzerhand weniger gut situierte »Mietpilger« dafür bezahlte, die beschwerliche und nicht ungefährliche Reise an seiner statt anzutreten. Die Absolution kam – selbstverständlich – dem zahlenden Kunden zugute.
Wenn das der historische Kern der Sache ist, warum dann überhaupt pilgern? – Ganz einfach: weil es heute anders ist. Man tut das Gleiche, aber eben nicht dasselbe. Heute ist Pilgern das, was der Pilger darin sieht und daraus macht: Wer Erholung sucht, wird sie finden. Wer dem Alltag für eine Weile entkommen will, dem gelingt das auch. Wer sich selbst finden will, der versuche es – eine Pilgerreise ist keine Garantie dafür, doch sie maximiert die Chancen. Den historischen Kern dürfen wir getrost vergessen, wenn wir einfach nur die Seele baumeln lassen wollen – die süße Frucht um ihn herum, die lassen wir uns schmecken!

Jonas Fehn

4 Vom Aischgrund zur Hauptstadt der Trachten

Hallerndorf–Effeltrich (ca. 21 km)

Das liegt vor uns

Kurz nachdem wir Hallerndorf verlassen haben, treten wir bereits in einen großen Wald ein, der uns bis nach Forchheim begleiten wird. Forchheim ist ein echter Höhepunkt. Die Stadt hat sich ihr fränkisches Gesicht bewahrt. Insbesondere die vielen Fachwerkhäuser prägen das mittelalterliche Zentrum. Nachdem wir uns an Forchheim sattgesehen haben, setzen wir unseren Weg fort über Sigritzau und Pinzberg nach Effeltrich. Die Wehrkirche in Pinzberg ist ebenfalls einen Besuch wert, ganz zu schweigen von der Kirchenburg in Effeltrich.

Hier geht's lang

In **Hallerndorf** führt uns der Jakobsweg gemeinsam mit einer Gelben-Raute-Markierung hinaus aus dem Dorf und über die Aisch. Die gelbe Raute wird uns nun bis Forchheim begleiten. Wir stoßen auf eine größere Landstraße, die wir überqueren und der wir etwa 15 Meter nach links folgen. Dann weist uns die Markierung nach rechts weg von der Straße. An der folgenden Weggabelung halten wir uns erneut rechts und wandern hinein in einen ausgedehnten Forst, den wir erst kurz vor Forchheim wieder verlassen: Etwa acht angenehme Wanderkilometer liegen vor uns. Obwohl wir auf einer Schotterstraße unterwegs sind, entgeht uns nicht die natürliche Idylle dieses schönen Waldstücks; hügelig, moosig und wildverwachsen zeigt sich der Wald auf beiden Seiten des Weges. Auch ein kleiner Weiher mit einer Bank für müde Wanderer fügt sich in das beschauliche Bild.

Dann öffnet sich der Wald, und wir stoßen auf den Forchheimer Stadtteil **Burk** und geradeaus auf die B407. Ihr folgen wir ein Stück nach links, überqueren dann auf der rechten Seite den Main-Donau-Kanal und die Autobahn, ehe wir in die sehenswerte mittelalterliche Innenstadt **Forchheims** eintauchen. Die vielen Fachwerkbauten versprühen hier fränkischen Charme, und auch die Überreste der mittelalterlichen Stadtbefestigung verleiten den Betrachter zu nostalgischen Gefühlen.

Wenig attraktiv ist der Weg hinaus aus Forchheim. Entlang der großen vierspurigen Ausfallstraße (zunächst Theodor-Heuss-Allee, später Willy-Brandt-Allee) wandern wir in Richtung Süden, bis schließlich, kurz nachdem wir den Trubbach überschritten haben, nach links das Sträßchen »Am Augraben« abzweigt. Ihm folgend unterqueren wir eine Bahnlinie und überqueren kurz darauf eine zweite. Der Weg führt nun parallel zum Schienenstrang und bietet einen schönen Blick auf den heiligen Berg von Franken, die Ehrenbürg. Wir passieren die Schienen an einer Wegkreuzung (Achtung: Markierung fehlt), vor uns liegen die Gewächshäuser von **Sigritzau**. Das romantische Dörfchen verabschiedet uns mit einer wunderschönen, alten Eichenallee, die uns aus dem Ort hinausführt.

An der Landstraße folgen wir dem Radweg »FO5« nach links bis zur Abzweigung nach Kersbach (Vorsicht: Auch hier fehlt

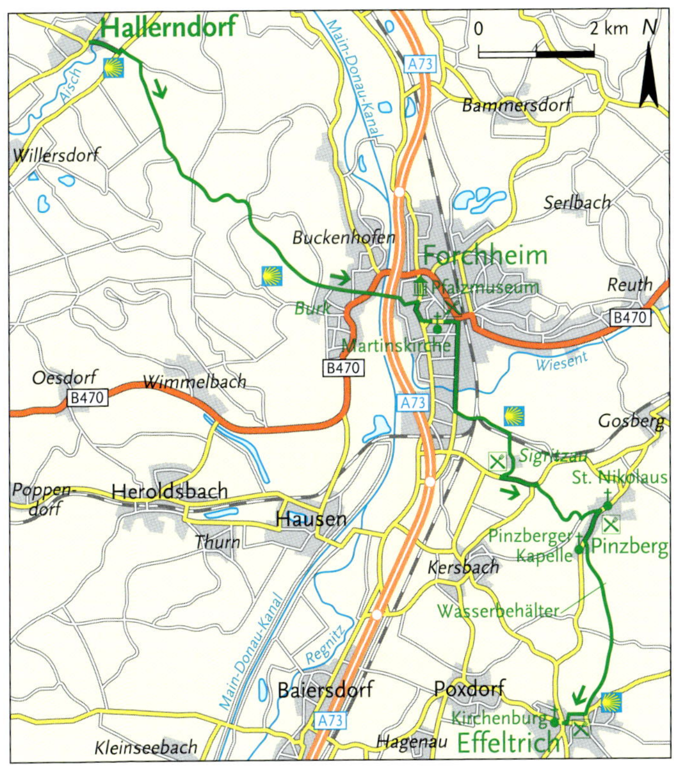

Fachwerk, wohin das Auge blickt: die Forchheimer Altstadt in zwei Ansichten

die Markierung). Hier kurz rechts halten und dem Radweg nach wenigen Metern nach links hinein in den Wald folgen. Ein schweißtreibender Aufstieg zunächst durch den Wald, später durch alte Obstgärten bringt uns nach **Pinzberg**. Andere Wegweiser verdecken hier am Ortseingang unsere kaum noch sichtbare Jakobsmuschel. Wir halten uns links und gehen in den Ort hinein. Direkt vor der Pfarrkirche St. Nikolaus führt die ausgeschilderte Straße Richtung Effeltrich nach rechts. An der Pinzberger Kapelle zweigt ein kaum befahrenes Landsträßchen in Richtung Gaiganz links ab. Wir folgen ihm. An einem Wasserbehälter halten wir uns rechts. Nach etwa zehn Minuten Fußweg grüßt erneut die Ehrenbürg linker Hand. Schließlich knickt die Straße nach links ab, von rechts stößt der Weg von Poxdorf kommend zu uns, wir aber wandern geradeaus über diese Kreuzung hinweg in das vor uns liegende Tal. Auf dem Abstieg passieren wir die Felder und Obstgärten der zahlreichen Effeltricher Baumschulen und erreichen **Effeltrich**. Am Ortsanfang biegen wir rechts in den Rosenweg ein. Die Markierung führt uns am Sportplatz vorbei schließlich in den Ortskern.

Das gibt's zu sehen

Im Westen der Steigerwald, im Osten die Fränkische Schweiz: **Forchheim** liegt landschaftlich ungemein reizvoll. Hier fließen Wiesent und Regnitz zusammen, und archäologische Funde weisen nach, dass eine Besiedlung dieses Gebiets offensichtlich schon in prähistorischer Zeit attraktiv war. Die historische Altstadt und ihre Sehenswürdigkeiten atmen die lange Geschichte Forchheims. Erstmals urkundlich erwähnt wird Forchheim im Jahr 805. Im 9. und 10. Jahrhundert gewann die Stadt als Kaiserpfalz der späteren Karolinger Bedeutung und wurde von Kaiser Heinrich II. 1007 dem Bistum Bamberg geschenkt. Ab 1552 wurde Forchheim in einer 200-jährigen Bauzeit zur Grenzfestung des Bistums ausgebaut.

Auf unserem Weg in die Altstadt treffen wir zuerst auf die **Kaiserpfalz**. Der Name hat sich etabliert; lange ging man davon aus, dass der Kaiser sich hier aufhielt. Inzwischen hat sich aber herausgestellt, dass das Gebäude aus dem 14. Jahrhundert stammt und dem Bamberger Fürstbischof gehörte. Heute befindet sich hier das hochinteressante **Pfalzmuseum**. Der große **Rathausplatz** direkt an der Hauptstraße wird von eindrucksvoller Fachwerkarchitektur beherrscht. So eindrucksvoll das Gesamtensemble – ein Blick auf die Details ist ebenso interessant und unterhaltsam.

Ein Forchheimer Zimmermann hat sich an den Fassaden mit Holzschnitzereien und mit zum Teil durchaus derben Darstellungen verewigt. Am Nordgiebel des Haupthauses befindet sich beispielsweise eine kniende Figur mit Spiegel – Symbol für Eitelkeit. Direkt darüber entblößt eine weitere Figur ihren Allerwertesten vollständig. Hierbei handelt es sich nicht etwa um einen Anschlag auf die vormaligen Hausbesitzer, vielmehr sollten diese Figuren jene gegen Geister schützen.

Hinter dem Rathausplatz überragt der Turm der **Martinskirche** das Ensemble. Für nahezu 1 000 Jahre die einzige Pfarrkirche der Stadt, vereinigt sie beinahe alle bedeutenden Baustile. Querschiff und Langhaus sind romanisch, im 15. Jahrhundert wurde sie gotisch umgestaltet und später mit einer überwiegend barocken Innenausstattung versehen. In der Martinskirche ist ein ausführlicher Kirchenführer erhältlich.

Hoch her geht es in Forchheim jedes Jahr um den Annatag, den 26. Juli, herum. Zehn Tage lang wird dann das **Annafest** gefeiert. Die Ursprünge liegen bei durstigen Forchheimer Pilgern, die nach Weilersbach auf Wallfahrt gingen. Wer kann es ihnen verdenken, dass sie auf dem Rückweg eine kleine Rast im Kellerwald einlegten. Als die Schützengesellschaft ihre Schießstätte und ihr jährliches Schießen ebenfalls in den Kellerwald und auf den Annatag legten, war das Volksfest perfekt und erfreut sich seither großer Beliebtheit. Die ausgezeichneten Forchheimer Brauereien tun ihr Übriges. Das Bier ist so gut, dass in Forchheim die Legende vom Rathauspöpel entstand – einem Kobold, der im Rathausturm lebt und sich darum kümmert, lautstark-angetrunkene Heimkehrer pädagogisch wertvoll zu erschrecken und ihnen den Nachhauseweg zu weisen. In Forchheim ist für alles gesorgt.

Als Vorausblick auf die folgende Etappe ist ein Besuch der Pfarrkirche **St. Nikolaus** in **Pinzberg** interessant. Sie ist eine der vielen fränkischen Wehrkirchen und Kirchenburgen. Diese sind eine gesamteuropäische Erscheinung und dienten den Dörfern oft als einziger Schutz vor Angreifern. In Franken begann man mit der Befestigung der Kirchen und Friedhöfe um 1300. Zu dieser Zeit war die Macht des Kaisers geschwächt, und die einzelnen Fürsten vergrößerten ihren Einflussbereich ohne Rücksicht auf Verluste. Die Kapelle zum Heiligen Nikolaus in Pinzberg wurde 1371 erstmals erwähnt. 1730 wurde sie unter der Betreuung von Balthasar Neumann umgestaltet. Komplett erhalten ist die wertvolle Rokoko-Innenausstattung mit Hochaltar (St. Nikolaus in der Mitte, der Gründer von Bamberg, Kaiser Heinrich II., links und rechts seine Frau, die heilige Kunigunde), dem Apostelaltar links (hier finden wir Jakobus mit der Hellebarde) und dem Vierzehn-Nothelfer-Altar rechts.

Traditionsbewusst zeigt sich **Effeltrich** bei der Brauchtumspflege. Insbesondere die Tracht hat es zu großer Bekanntheit gebracht. Zu bewundern ist diese bei den vielen lebendigen Bräuchen. Aber auch bei der sonntäglichen Messe tragen viele Effeltricher noch ihre Tracht, selbst werktags sieht man Frauen in Tracht auf den Straßen. Am Faschingssonntag findet das sogenannte **Fosaleggen** statt, eine farbenfrohe und lautstarke Art, den Winter zu vertreiben. Jeden Ostermontag besuchen Hunderte Schaulustige Effeltrich, um beim **Georgi-Ritt** zu Ehren des Kirchenpatrons dabei zu sein. Der Pfarrer führt hoch zu Ross den Zug an und umreitet die Dorflinde. Aber auch weniger bekannte Bräuche haben sich erhalten: das Osterfeuer am Ostersamstag, die prachtvolle Fronleichnamsprozession, Kirchweih am Sonntag nach dem 13. Juli oder die »Wurzbüschelweihe« am 15. August jedes Jahres. Bei all dem präsentiert sich Effeltrich keineswegs rückständig, sondern als lebendiger, attraktiver Ort. Tipp für Jakobspilger: Im *Gasthaus Zur Linde* kann man sich einen Stempel abholen.

Die Effeltricher Kirchenburg St. Georg

Ausgewählte Öffnungszeiten und Adressen

Hallerndorf s. S. 46f.

Forchheim

Tourist-Information Forchheim, Kapellenstr. 16, 91301 Forchheim
Tel. 0 91 91/71 43 38, www.forchheim-erleben.de

Pfalzmuseum, Kapellenstr. 16, 91301 Forchheim
Tel. 0 91 91/71 43 27, www.kaiserpfalz.forchheim.de
Jan–März u. Nov Mi u. Do 13.00–16.00, So u. Fei 13.00–17.00
Apr–Okt Di–So u. Fei 10.00–17.00
Dez Mo–Fr 15.00–18.30, Sa, So u. Fei 13.00–18.30
Spezielle Öffnungszeiten um Ostern beachten!

Gasthaus Roter Ochs, Kirchplatz 3, 91301 Forchheim
Tel. 0 91 91/45 11, www.roter-ochs.de
Mo, Do u. Fr 17.30–23.00, Sa u. So 11.30–14.30 u. 17.30–23.00

OT Sigritzau – Forchheim

Zöllner's Weinstube, Sigritzau 1, 91301 Forchheim
Tel. 0 91 91/1 38 86, Mi–So ab 18.00

Pinzberg

Pfarrgemeinde St. Nikolaus, Hauptstr. 4, 91361 Pinzberg
Te. 0 91 91/1 37 10, www.st-nikolaus-pinzberg.de

Gasthaus Eger, Hauptstr. 9, 91361 Pinzberg
Tel. 0 91 91/1 37 29, www.gasthaus-eger.de
Restaurantbetrieb nur für größere Gruppen u. auf Anfrage
Einzelzimmer ab 35,00 €, Doppelzimmer ab 60,00 €, inklusive Frühstück

Effeltrich

Gemeinde Effeltrich, Forchheimer Str. 1, 91090 Effeltrich
Tel. 0 91 33/7 79 20, www.effeltrich.de

Gasthof Zur Linde, Neunkirchener Str. 5, 91090 Effeltrich
Tel. 0 91 33/26 39, www.mon.de/mfr/ZurLinde
Öffnungszeiten und Zimmerpreise auf Anfrage
Mit eigener Metzgerei

Rückfahrt zum Ausgangspunkt

Effeltrich–Hallerndorf:
Für einen Tagesausflug mit Rückfahrt zum Ausgangspunkt ist diese Etappe kaum geeignet, es wären mehrere Umstiege und Fahrtzeiten von 1,5–3,5 einzurechnen (allerdings regelmäßige Busverbindungen Effeltrich–Forchheim oder Effeltrich–Erlangen).

5 Wie Perlen einer Kette

Effeltrich–Kalchreuth (ca. 16,5 km)

Das liegt vor uns

Nach unserem Besuch in Effeltrich erwartet uns eine Etappe, die anfangs landschaftlich weniger reizvoll ist, dafür aber eine Reihe typischer fränkischer Pfarrkirchen aufweist. Nachdem wir die Ortschaften Hetzles, Neunkirchen am Brand und Dormitz passiert haben, erreichen wir den Kreuzweiher, ein beliebtes Ausflugsziel für Freizeit und Naherholung. Reizvoll ist der Weg schließlich vor Kalchreuth durch den Sebalder Forst und durch die berühmten Kalchreuther Kirschgärten. Dies ist die kürzeste Etappe unserer Wanderung.

Hier geht's lang

Unsere Etappe startet in **Effeltrich** an der **Tausendjährigen Tanzlinde**. Die Kirchenburg St. Georg und die Linde im Rücken passieren wir das *Gasthaus Zur guten Quelle* und erreichen eine kleine Verkehrsinsel mit Steinmonument. Hier führt geradeaus ein enger Fußweg zwischen den Häusern hindurch, dem wir folgen. Wir überschreiten eine kleine Holzbrücke mit zwei verwitterten, kaum sichtbaren Muschelmarkierungen, die sowohl schwer zu entdecken als auch schwer zu entziffern sind. Davon lassen wir uns nicht beirren und gehen geradeaus weiter, bis wir auf die Straße »Oberer Bühl« und eine kleine Verkehrsinsel stoßen. An dieser T-Kreuzung halten wir uns rechts, ein blauer Ring begleitet uns als Wanderzeichen. Es geht nun, vorbei an der Baumschule Schmidtlein, hinaus aufs freie Feld. Der Weg bleibt auf der Höhe. Kurz darauf wird uns eine Alternativroute über Marloffstein angeboten, die ebenfalls mit der Muschelmarkierung kenntlich gemacht wird und somit als offizieller Jakobsweg gelten kann. Diese Route biegt scharf nach rechts ab und ist etwas länger als unsere Variante.

An einer Weggabelung halten wir uns links. Dann erreichen wir **Hetzles** und durchqueren den Ort uns rechts haltend vorbei an historischen Fachwerkhäusern und der Pfarrkirche St. Laurentius.

Nach dem Ortsschild folgen wir dem parallel zur Landstraße verlaufenden Radweg etwa 150 Meter, ehe ein wenig romantischer Feldweg nach links über eine kleine Brücke bis ins landwirtschaftlich geprägte Baad führt. Hier geht es uns rechts haltend bis an die Landstraße, und wir folgen erneut parallel der Straße einem Radweg in Richtung **Neunkirchen am Brand**.

Beim Birkenhof biegen wir links in einen schmalen Pfad und folgen der Jakobsmuschel am Fußballplatz vorbei in die Ortsmitte zur imposanten Pfarrkirche St. Michael. Am Hinterausgang der Kirche weist uns die Markierung den Weg zur Weiherstraße und führt uns stadtauswärts. Über die Umgehungsstraße hinweg erreichen wir das freie Feld in Richtung **Dormitz**. Eine Brücke überspannt die Umgehungsstraße, dahinter sehen wir in der Ferne bereits das Tagesziel Kalchreuth liegen. An einem Kruzifix zweigt unser Weg nach rechts ab. An der Pfarrkirche »Zu unserer lieben Frau« in Dormitz halten wir uns links, und an einer

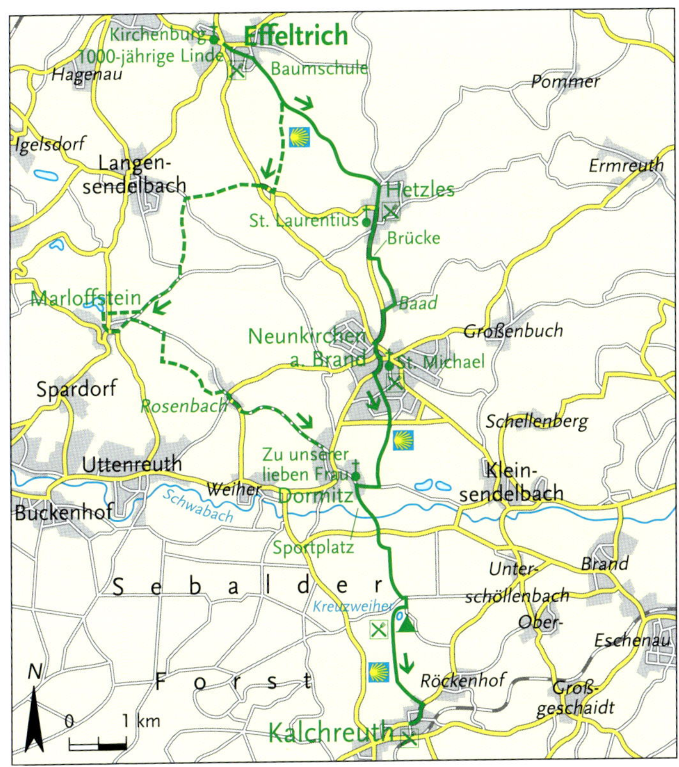

Der barocke Hochaltar der Wehrkirche St. Georg in Effeltrich

kleinen Verkehrsinsel biegen wir erneut links ab. Am Rathaus stößt ein grüner Punkt als Wandermarkierung zum Jakobsweg und führt uns aus Dormitz hinaus. Der grüne Punkt begleitet uns von nun an bis zu unserem Ziel Kalchreuth, wird dort aber zu einem grünen Zug, der den »Gräfenbergbahn-Weg« bezeichnet. Hinter dem Sportplatz überqueren wir die Landstraße geradewegs und wandern in den nördlichsten Teil des **Sebalder Forstes**, der sich bis Nürnberg ausdehnt. Gemeinsam mit dem grünen Punkt biegen wir bei der ersten Abzweigung links ab und nach wenigen Metern erneut nach rechts. Knapp zwei Kilometer wandern wir so durch den Wald, ehe wir an ein Sträßchen kommen, dem wir ein Stück nach links folgen. Kurz darauf weist uns die Markierung wieder nach rechts in den Wald, wir erreichen den **Kreuzweiher** mit Einkehrmöglichkeit und Campingplatz. Noch ein kurzes Stück Straße, dann zweigt unser Weg etwas versteckt nach links in den Wald ab – ein Wegweiser weist **Kalchreuth** aus.

Gut ausgeschildert führt uns der Weg aus dem Wald hinaus, und wir erklimmen schließlich die Kalchreuther Höhe durch die Kirschgärten, die Kalchreuth zur Blütezeit bekannt gemacht haben.

Das gibt's zu sehen

Bereits auf dem Weg hinein nach **Effeltrich** sind uns die vielen Baumschulen und Obstbäume aufgefallen. Von ihnen hat Effeltrich seinen Namen. Erstmals im Jahr 1121 beurkundet als »Affeltere« – der Ort mit vielen Apfelbäumen. Auf dem Dorfplatz treffen wir auf eine ehrwürdige Vertreterin der Vergangenheit. Die **Tausendjährige Tanzlinde** ist tatsächlich mindestens 800 Jahre alt – und wer wird bei einer solch rüstigen Dame nach dem genauen Alter fragen. Noch immer blühen im Frühjahr 90 Prozent aller Äste, das Laub spendet Schatten in einem Umkreis von 60 Metern.

Direkt gegenüber steht die Kirchenburg **St. Georg**. Erbaut circa 1470–1490 als Reaktion auf die zweimalige Plünderung durch die Nürnberger. Effeltrich gehörte und gehört zum Bistum Bamberg. St. Georg wurde im gotischen Stil errichtet, im Laufe der Geschichte haben weitere Baustile ihre Spuren hinterlassen. In der zweiten Hälfte des 18. Jahrhunderts wurde die Kirche barockisiert. Die drei Heiligen Laurentius, Georg und Sebastian bekamen ihren Platz über dem Außentor. Der barocke Hochaltar zeigt im Altarblatt den heiligen Georg im symbolischen Kampf

Kalchreuth zur Zeit der »Kerschterkerwa« im Juli

Die spätgotische Kalchreuther Andreaskirche wartet im Innenraum mit wahren Schätzen auf.

mit dem Drachen, links von ihm die heilige Margareta, rechts die heilige Barbara. Die Kirchenburg Effeltrich zählt zu den imposantesten Anlagen dieses Architekturtyps in Deutschland.

Auch in **Hetzles** stand eine mit Effeltrich vergleichbare Kirchenburg. Ein Modell ist noch im Pfalzmuseum Forchheim (siehe Etappe 4) zu besichtigen. Im Jahre 1886 wurde die alte Kirche jedoch zu Gunsten eines Schulneubaus abgebrochen. Die Anlage – ein lang gezogenes Dreieck – lässt sich aber noch auf dem Hügel am Dorfrand erahnen. Trotz diesen Verlustes ist Hetzles ein schöner Ort, den viele historische Fachwerkhäuser prägen. Auch Hetzles zeigt an Fronleichnam und der Kirchweih noch die traditionelle Tracht.

Wir erreichen **Neunkirchen am Brand** und ein weiteres eindrucksvolles Zeugnis fränkischer Kirchenarchitektur. Das ehemalige Augustinerchorherrenstift, die heutige Pfarrkirche **St. Michael**, ist gotisch geprägt. 1314 wurde das Kloster gegründet, bereits in der zweiten Hälfte des 14. Jahrhunderts setzte rege Bautätigkeit ein. Der ehemalige Kreuzgangbereich ist heute wieder als Versammlungsort der Gemeinde nutzbar. Neunkirchen wurde wirtschaftliches, kulturelles und geistliches Zentrum der Umgebung. Die Nähe und günstige Anbindung an Erlangen führte in diesem Jahrhundert dazu, dass Neunkirchen heute von einem Neubaugürtel umschlossen ist. Der historische Kern mit den Stadttoren ist nichtsdestotrotz sehenswert.

Effeltrich (s. auch S. 57)

Pfarrei St. Georg Effeltrich, Zur Kirchenburg 3, 91090 Effeltrich
Tel. 0 91 33/8 24, www.kirche-effeltrich.de

Hetzles

Gemeinde Hetzles, Rathaus, Hauptstr. 3, 91077 Hetzles
Tel. 0 91 34/2 63, www.hetzles.de

Schwarzer Adler (»Mendelwirt«), Hauptstr. 12, 91077 Hetzles
Tel. 0 91 34/51 31
Mi 10.00–14.00 u. ab 16.30, Do ab 17.30, Fr–So ab 10.00, Mo u. Di Ruhetag

Neunkirchen am Brand

Marktgemeinde Neunkirchen am Brand
Klosterhof 2–4, 91077 Neunkirchen am Brand
Tel. 0 91 34/70 50, www.neunkirchen-am-brand.de

Pfarrei St. Michael, Kirchplatz 4, 91077 Neunkirchen am Brand
Tel. 0 91 34/7 07 00, www.st-michael-neunkirchen.de

Gasthof zur Post, Gräfenberger Str. 2, 91077 Neunkirchen am Brand
Tel. 0 91 34/7 08 20 99, www.gasthof-zur-post-neunkirchen.de
Di–Sa 17.00–23.00, So u. Fei 11.30–14.00 u. 17.00–23.00, Mo Ruhetag

Zimmerpreise auf Anfrage

Pilgerherberge St. Jakobus, Gößweinsteiner Str. 9b, 91077 Neunkirchen am Brand
Tel. 091 34/72 84
Übernachtung (mit Voranmeldung) 7,00 €

Kalchreuth

Gemeinde Kalchreuth, Rathausstr. 1, 90562 Kalchreuth
Tel. 09 11/5 18 34 40, www.kalchreuth.de

Gaststätte am Kreuzweiher, Kreuzweiher 1, 90562 Kalchreuth
Tel. 09 11/95 69 26 08,
März–Sep Mo, Di u. Do–So 11.00–20.00, Mi Ruhetag
Okt–Feb Sa u. So 11.00–20.00

Zum Roten Ochsen, Weißgasse 10–12, 90562 Kalchreuth
Tel. 09 11/5 18 09 17, www.roter-ochse-kalchreuth.de
Gaststätte: Di–Do 10.00–23.00, Fr 16.00–23.00
Sa u. So 11.00–22.00, Mo Ruhetag
Einzelzimmer 66,00 €, Doppelzimmer 88,00 €, inklusive Frühstück

OT Röckenhof – Kalchreuth

Gasthaus Zum Schloss, Schlossstr. 4, 90562 Kalchreuth
Tel. 09 11/5 18 09 95, www.gasthauszumschloss-roeckenhof.de
Mo 10.00–14.00 u. ab 17.00, Di u. Fr–So ab 10.00, Do ab 16.30, Mi Ruhetag

Rückfahrt zum Ausgangspunkt

Kalchreuth–Effeltrich:
mit RB nach Eschenau und dann mit dem Bus über Neunkirchen nach Effeltrich – umständlich, dauert über eine Stunde! (Hetzles, Neunkirchen u. Dormitz sind aber mit regelmäßigen Busverbindungen an den Verkehrsverbund Nürnberg und nach Forchheim angeschlossen.)

Bahn frei für den Homo peregrinus

Die schlechte Nachricht: Wir Menschen sind für das Leben im 21. Jahrhundert eigentlich nicht besonders geeignet. »Die Steinzeit steckt uns in den Knochen« (so der Titel eines deutschen Beitrags zum Thema »evolutionäre Medizin«), und unsere oft so statische Lebensweise am Schreibtisch und auf der Couch tut weder unserem Körper noch unserer Psyche gut. Eine Rezeptionistin legt am Tag durchschnittlich nur 1 200 Schritte zurück, der durchschnittliche Mann verbringt täglich 7,1 Stunden im Sitzen – für ein Lebewesen, das von Natur aus ein Läufer ist, eine traurige Bilanz. Wäre der Mensch ein Haustier, müsste man daran zweifeln, ob er unter den Bedingungen des modernen Lebens artgerecht gehalten wird.

Die gute Nachricht: Wir können vielen unserer gesundheitlichen und sogar psychischen Probleme einfach davonlaufen – und zwar im wahrsten Sinne des Wortes. Es braucht keinen Marathon, im Grunde auch kein Fitnessstudio und vor allem keine kostenintensive Ausrüstung. In den vergangenen Jahren sind die Auswirkungen von purem, einfachem Gehen auf den Menschen erforscht worden, und die Ergebnisse zeigen, dass die natürlichste Fortbewegungsart des Menschen nicht nur gegen Herz-Kreislauferkrankungen gut ist, sondern gegen eine Vielzahl unterschiedlicher Krankheiten. Durch Spaziergänge oder Wanderungen lässt sich zum Beispiel das Risiko für Dickdarm- oder Brustkrebs signifikant senken sowie Osteoporose und Diabetes vorbeugen.

Dass Spaziergänge die Stimmung verbessern, hat wahrscheinlich jede(r) schon selbst bemerkt, und dass die Bewegung im Freien die Immunabwehr verbessert, leuchtet auch Laien ein. Aber das ist noch nicht alles.

Sogar Depressionen lassen sich durch Bewegung behandeln – die kann tatsächlich ähnlich wirksam sein wie eine Therapie durch Medikamente. Und selbst Demenzkranke können den Verlauf ihrer Erkrankung verlangsamen, indem sie regelmäßig spazieren gehen.

Übrigens sind die heilsamen Effekte des Gehens sogar noch größer, wenn wir uns in der Natur bewegen – die Farbe Grün alleine beruhigt und senkt den Stresspegel –, und Spaziergänge im Wald sind neuen Studien zufolge besonders gesund. Warum das so ist? Ganz genau wissen das auch die Forscher noch nicht; möglicherweise liegt es an der reineren Luft im Wald oder an den sogenannten Phytonzyden, einer Substanz, die Pflanzen bilden, um sich vor Krankheitserregern zu schützen. Im Wald profitiert der Mensch von diesem Schutz unter Umständen mit.

Aber ob wir nun von Phytonzyden reden oder einfach nur über die Ruhe und Entspannung, die sich in Wald und Feld, am Bachufer und in den Hügeln finden

lassen: Dass Gehen uns guttut, merken wir im Grunde bei jedem Schritt, den wir machen.
Auf dem Jakobsweg zu wandern kann vieles sein: Selbstfindung, eine Auszeit, eine kulturelle Erfahrung, eine Begegnung mit der Geschichte, mit anderen Menschen, mit uns selbst. Aber daneben kommt es eben auch unserer Natur entgegen als »gehendes« Lebewesen (gemacht zur Überwindung großer Strecken). Durch das Wandern holen wir uns ein Stück von dem zurück, was wir insbesondere im vergangenen Jahrhundert verloren haben: den Blick in die Weite, die Unabhängigkeit von Maschinen und modernen Gadgets, die Freiheit der Bewegung.

Sigrun Arenz

6 Durch den Sebalder Forst

Kalchreuth–Nürnberg (ca. 18,5 km)

Das liegt vor uns

Von Kalchreuth nach Nürnberg geht es über das kleine Stettenberg, das wir kaum bemerken werden, und über Buchenbühl an den Ortsrand von Nürnberg mit dem Stadtteil Ziegelstein. Wie auch an Stettenberg führt uns der Weg um Ziegelstein herum, bis wir den Marienbergpark sowie die Nürnberger Nordstadt durchqueren und schließlich in die historische Altstadt Nürnbergs eintreten. Eine erst waldige, dann urbane Etappe, die dem Wanderer die Möglichkeit gibt, sich bereits auf dem Weg einige Sehenswürdigkeiten Nürnbergs anzusehen. Sowohl von Kalchreuth aus als auch in Buchenbühl (nach 9 km) kann man mit guter Verkehrsanbindung sehr einfach abkürzen, ab Ziegelstein (nach 10 km) verkehrt dann sogar die U-Bahn ins Stadtzentrum. Zwischen Kalchreuth und dem Nürnberger Stadtrand gibt es keine Einkehrmöglichkeiten mehr.

Hier geht's lang

Bei der **Kalchreuther** Kirche **St. Andreas** folgt der Jakobsweg – wie schon bei der vorherigen Etappe – der Wandermarkierung mit dem grünen Punkt. Allerdings ist aus diesem nun ein grüner Zug geworden, und er kennzeichnet einen Wanderpfad namens »Gräfenbergbahn-Weg«. (Besagte Gräfenbergbahn stellt übrigens eine schnelle Verbindung von Kalchreuth und anderen Ortschaften in der Gegend nach Nürnberg dar.) Direkt gegenüber der Kirche führt ein schmaler Pfad zwischen den Häusern hindurch aufs freie Feld. Uns rechts haltend passieren wir zunächst noch einmal kurz ein Wohngebiet, dann verlässt der Jakobsweg Kalchreuth endgültig. Bald schon öffnet sich der Blick, und wir sehen Nürnberg mit Burg und Fernsehturm im Tal liegen.

Nach bereits 100 Metern zweigt ein Sträßchen nach links ab, dem wir folgen. Noch ein weiterer eindrucksvoller Blick auf unser Tagesziel öffnet sich, wenn das Sträßchen nach links abknickt. Wenig später führt ein kleiner Waldpfad rechts hinab in den **Kalchreuther Forst**. Dieser ist Teil eines ausgedehnten

Waldgebietes, das sich nördlich der Stadt Nürnberg von Erlangen bis Lauf a.d. Pegnitz ausdehnt und sich einst im Besitz des Kaisers befand. Heute ist der Sebalder Forst ebenso wie der Lorenzer Forst beliebtes Naherholungsgebiet der Bewohner des Städtedreiecks Nürnberg/Fürth/Erlangen.

Unser Waldpfad trifft bald auf einen Kiesweg und hält mit diesem die Richtung, auch wenn uns der Kiesweg kurz darauf wieder nach rechts verlässt. Wir wandern geradeaus weiter. An einer Gabelung wählen wir den linken Pfad. Auf einer Lichtung lassen wir links die wenigen, kaum sichtbaren Häuser von **Stettenberg** liegen, wenden uns kurz nach rechts und nach etwa 100 Metern wieder nach links, um erneut in den Wald einzutauchen.

Etwa 50 Meter bevor wir eine asphaltierte Straße erreichen, zweigt der Weg nach rechts ab und verläuft dann wenige Meter parallel zur Landstraße im Wald. Schließlich überqueren wir die Straße und wenig später auch die Gleise der »Gräfenbergbahn«,

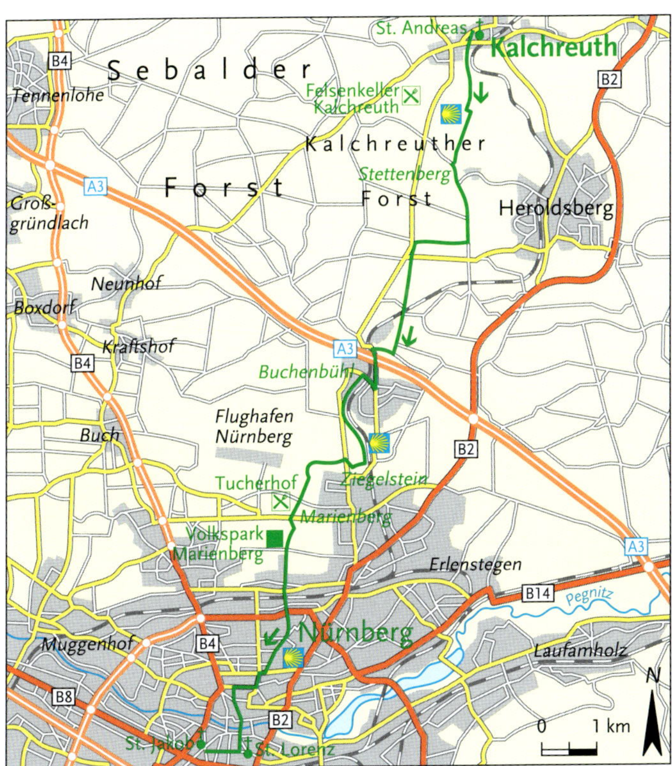

die Nürnberg mit den nördlich liegenden Gemeinden verbindet. Der Weg verlässt den Wald wenige Meter vor **Buchenbühl,** das Anfang des 20. Jahrhunderts als typische Arbeitersiedlung entstand. Wir wandern nach links, unter der Autobahn hindurch, halten uns nach der Unterführung halbrechts und gehen in den Wald, den wir direkt an der Kirche wieder verlassen. Zwischen der Kirche und dem (beinahe ausgetrockneten) Löschweiher nehmen wir die Baiersdorfer Straße und verlassen Buchenbühl schließlich entlang der Gleise. Nach kurzer Zeit stoßen wir auf das ausgedehnte Gelände des Nürnberger Flughafens. Rechts sieht man den Tower, wir umwandern die Landebahnen immer parallel zu den Gleisen der »Gräfenbergbahn«.

Der Nürnberger Ortsteil **Ziegelstein** ist unser nächstes Ziel. Noch bemerkt man trotz Flughafen und Gleisanlagen nicht, dass man bereits im Stadtgebiet wandert. Sobald wir auf einen Parkplatz treffen, wenden wir uns nach rechts, nochmals in den Wald hinein. Wir überqueren eine Straße, der Löschweg führt uns geradeaus weiter, entlang einiger Schrebergärten. An einer T-Kreuzung wenden wir uns nach links, kurz erneut Richtung Ziegelstein, wenig später aber verlässt uns der Weg wieder, und wir halten geradeaus auf die deutlich sichtbare Rückseite der rie-

Die berühmte Nürnberger Silhouette mit Stadtmauer und Kaiserburg

Im Pilgerbüro nahe der Jakobskirche gibt es den »Credencial«, den Pilgerausweis.

sigen Leinwand des jetzt stillgelegten Autokinos zu. Rechts an dieser Leinwand vorbei geht es auf Asphalt weiter, bis wir am Tucherhof die Flughafenstraße erreichen. Wir überqueren diese, wenden uns nur wenige Meter nach rechts, um gleich darauf nach links in den **Volkspark Marienberg** einzubiegen. Vor dem Zweiten Weltkrieg befand sich hier der erste Flughafen Nürnbergs. Jetzt ist der Marienpark beliebtes Ausflugsziel der Nürnberger, sei es für einen gemütlichen Abend am mitgebrachten Grill oder zur körperlichen Ertüchtigung.

Wir wählen die erste Abzweigung nach links und wenden uns dann nach rechts. Unter der bewachsenen Erhebung, die sich zu unserer Rechten auftürmt, befinden sich die im Zweiten Weltkrieg zerstörten Reste der Nürnberger Altstadt. Unser Weg mündet schließlich in die Braillestraße, später in die Äußere Schopenhauerstraße, und von nun an wird die Wanderung zu einem Stadtspaziergang. Den vierspurigen Nordring überqueren wir an der Ampelanlage und gehen direkt gegenüber in die Schopenhauerstraße. Schließlich, nach einiger Wanderzeit, gelangen wir an die alte Stadtmauer von **Nürnberg,** die uns, wenn wir uns rechts halten, bis zur Kaiserburg führt – und durch sie

Das Grabmal des Stadtpatrons St. Sebald: Kunstvolle Bronzefiguren erzählen u. a. von wichtigen Lebensstationen des Heiligen.

hindurch. Bergab gelangen wir vorbei an St. Sebald auf den Hauptmarkt (Achtung: Die Markierung bleibt nun aus bis zur Jakobskirche!), passieren das Heilig-Geist-Spital, die Museumsbrücke und St. Lorenz. Hier biegen wir nach rechts in die Karolinenstraße ein, die uns zum Jakobsmarkt und zum Etappenziel St. Jakob führt.

Das gibt's zu sehen

Das Dörfchen **Kalchreuth** nördlich von Nürnberg ist seit jeher ein traditionelles Ausflugsziel der Großstädter. Die blühenden Kirschgärten ziehen im Frühjahr Hunderte von Schaulustigen an, im Sommer und im Herbst locken Spaziergänge und Radtouren durch den ausgedehnten **Sebalder Forst**, an dessen Ausläufern sich ein wahrer Geheimtipp zwischen Hügeln und Bäumen versteckt: der *Kalchreuther Felsenkeller* mit seinen urig fränkischen Brotzeiten. Die Lage auf der Kalchreuther Höhe verhilft zu wunderbaren Ausblicken in alle Richtungen.

Es wundert nicht, dass Kalchreuth für seine Größe eine ungewöhnlich hohe Zahl Gastwirtschaften hat. Die Ausflügler wollen versorgt sein. Dennoch hat auch das einen historischen Hintergrund. Bis 1465 war die Familie Haller einziger Grundherr in Kalchreuth. Im Laufe der nächsten 50 Jahre wurden aber verschiedene Güter an insgesamt vier Grundherren verkauft. Diese Umstände führten dazu, dass es zeitweise vier Dorfmeister gab und mindestens ebenso viele Wirtshäuser, Bäckereien und Schmieden. Das **Schloss** – etwas zurückversetzt in der Mitte des Ortes neben der Kirche – geht aber auf die Patrizierfamilie Haller zurück. Dürer war hier zu Gast, von einem Fenster aus malte er um 1500 zwei seiner Ansichten des Städtchens und seiner Umgebung, die Kalchreuth bekannt machen sollten.

Die **St.-Andreas-Kirche** von Kalchreuth ist ein spätgotischer Bau. Der Chor der Kirche ist ebenfalls eine Stiftung der Familie Haller. Der Hauptaltar stammt übrigens aus der Werkstatt Wohlgemuts, des Lehrherrn Albrecht Dürers. Auf der linken Seite über dem Chorgestühl findet sich ein wertvolles Detail: eine Anordnung von Figuren, die Christus mit den zwölf Aposteln darstellt. Entstanden sind die sogenannten Tonapostel vermutlich um 1400 in Nürnberg, die Herkunft ist jedoch nicht völlig geklärt. Einig ist man sich aber über ihren Wert – die Tonapostel sind die einzig vollständig erhaltene Gruppe ihrer Art.

Nürnberg, »nourenberc« (felsiger Berg) – 1050 begann die Geschichte der Stadt, die sich zunächst nur auf die Umgebung des Burgberges erstreckte. Handel und Handwerk führten bald zur Blüte und machten Nürnberg zu einer Weltstadt des Mittelalters. Karl IV. bestimmte, dass jeder neu gewählte deutsche König seinen ersten Reichstag in Nürnberg abhalten solle. Nürnberg entwickelte sich zu einem europäischen Zentrum von Kunst, Wissenschaft und Humanismus. Mit dem Dreißigjährigen Krieg schwand der Einfluss Nürnbergs. Schlagzeilen machte die Stadt dann aber wieder, als die erste deutsche Eisenbahn 1835 von Nürnberg nach Fürth fuhr. Im Januar 1945 versank »des Deutschen Reiches Schatzkästlein«, die Stadt der Reichsparteitage, in Schutt und Asche.

Höhepunkte eines Spaziergangs durch die »Freie Reichsstadt Nürnberg« ist natürlich die **Kaiserburg**, die Stadtkirchen **St. Sebald** und **St. Lorenz**, der **Hauptmarkt** mit dem Schönen Brunnen und der Frauenkirche, das **Dürerhaus** oder eines der zahlreichen Museen. Aber auch abseits der Attraktionen lässt sich vielerlei entdecken. Wer Zeit hat, dem sei ein Stadtrundgang mit dem Verein *Geschichte Für Alle e. V.* empfohlen. Die Rundgänge für den schnellen Überblick sind ebenso interessant wie die vielen detailreichen Spaziergänge zu Themenschwerpunkten.

Ausgewählte Adressen und Öffnungszeiten

Kalchreuth (s. auch S. 65)

Ev.-Luth. Kirchengemeinde Kalchreuth, Dorfplatz 6, 90562 Kalchreuth
Tel. 09 11/5 18 09 29, www.kalchreuth-evangelisch.de

Nürnberg

Tourist-Information Nürnberg, Hauptmarkt 18, 90403 Nürnberg
Tel. 09 11/2 33-0 (Service-Zentrale), www.tourismus.nuernberg.de

Pilgerzentrum St. Jakob (Pilgerberatung u. Führungen)
Aktuelle Öffnungszeiten online oder telefonisch erfragen
Tel. 09 11/47 87 72 25, www.jakobskirche-nuernberg.de

Geschichte Für Alle e. V., Wiesentalstr. 32, 90419 Nürnberg
Tel. 09 11/30 73 60, www.geschichte-fuer-alle.de

Bratwurst Röslein, Rathausplatz 6, 90402 Nürnberg
Tel. 09 11/21 48 60, www.bratwurst-roeslein.de, tägl. 10.30–23.30
Preiswerte fränkische Spezialitäten in der Altstadt

Behringer's Bratwursthäusle, Rathausplatz 1, 90403 Nürnberg
Tel. 09 11/22 76 95, www.die-nuernberger-bratwurst.de
Mo–Sa 10.00–22.00, So Ruhetag
»Hauptquartier« der berühmten Nürnberger Bratwurst

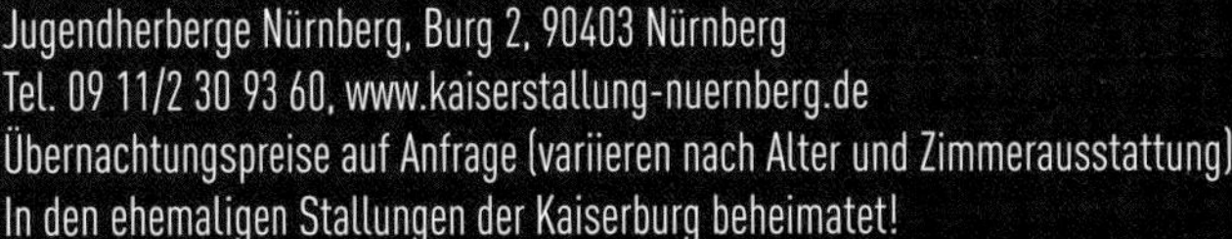

Jugendherberge Nürnberg, Burg 2, 90403 Nürnberg
Tel. 09 11/2 30 93 60, www.kaiserstallung-nuernberg.de
Übernachtungspreise auf Anfrage (variieren nach Alter und Zimmerausstattung)
In den ehemaligen Stallungen der Kaiserburg beheimatet!

Rückfahrt zum Ausgangspunkt

Nürnberg–Kalchreuth:
U-Bahn U2 bis »Nürnberg-Nordostbhf.«, von dort gute Bahnverbindungen mit RB

Von Nürnberg nach Rothenburg ob der Tauber

7 Raus aus der Stadt, hinaus aufs Land

Stein/OT Deutenbach–Roßtal (ca. 12 km)

Das liegt vor uns

Die Großstadt hinter uns lassend gelangen wir auf der relativ kurzen, auch für Ungeübte und Kinder gut geeigneten Einstiegsetappe zunächst zur Jakobuskirche in Oberweihersbuch. Von dort führt uns der Weg durch den idyllischen Locher Grund ins verschlafene Unterbüchlein und über Weitersdorf mit seinem trutzigen Ägidius-Kirchlein bis ins Zentrum von Roßtal.

Hier geht's lang

Um nicht an stark befahrenen Ausfallstraßen entlang aus Nürnberg hinauslaufen zu müssen, beginnen wir unsere Jakobswegwanderung in **Stein**, genauer gesagt im Ortsteil **Deutenbach**. Mit der U 2 fahren wir bis »Nürnberg/Röthenbach« und von dort aus in etwa zehn Minuten mit dem Bus Nr. 63 zum Ausgangspunkt an der Haltestelle »Deutenbach/Mitte«. Die dort aufgestellte Jakobswegtafel ist nicht zu übersehen, und wir entdecken sogleich die für den gesamten Jakobsweg gültige Markierung, die weiße Jakobsmuschel auf blauem Grund.

Am Kreisverkehr folgen wir der Regelsbacher Straße ortsauswärts und biegen vor der *Metzgerei Dittrich* rechts in den Hofwiesenweg ein. Links erblicken wir das Glockentürmchen auf dem Dach des »Löselhofs«. Hier stand einstmals eine kleine Jakobuskapelle, die im Dreißigjährigen Krieg zerstört wurde. Wir biegen jedoch am Haus Nr. 2 rechts ab und folgen der Markierung über die Felder und unter Hochspannungsleitungen hindurch, bis wir die B 14 vor uns sehen. Sie unterqueren wir durch einen kleinen, leicht nach links versetzten Tunnel, gehen links am Friedhof vorbei, folgen dann dem Pfarrweg ein Stück bergab und biegen in der Linkskurve links in einen schmalen gepflasterten Fußweg zur Jakobuskirche von **Oberweihersbuch** ein.

Vom lauschigen Kirchvorplatz führen einige Stufen hinunter zur Stuttgarter Straße, von wo aus wir auf das ehemalige

Gasthaus »Zur Linde« zulaufen, das inzwischen die *Osteria da Toni* beherbergt. Hier führt uns der Weg rechts auf der Locher Straße über die kleine Brücke mit dem Eine-Welt-Lädchen auf die andere Talseite. Wir folgen der Straße, vorbei an Einfamilienhäusern und Bungalows, bis zum Ortsausgang, wo wir rechts in einen parallel zur Straße verlaufenden Waldpfad einbiegen. Schließlich queren wir die Straße bei einem Stromhäuschen und gehen über einen Holzsteg und eine Wiese weiter im Locher Grund talaufwärts. So gelangen wir nach **Unterbüchlein**.

Direkt hinter der *Gaststätte Zum grünen Tal* führt uns der Weg erst links und dann rechts immer am Waldrand entlang. Nachdem wir ein Nebentälchen gequert haben – rechts die Ortschaft **Oberbüchlein** – müssen wir Obacht geben auf die Markierungen, denn wir verlassen kurz hinter den letzten Häusern den breiten Weg nach rechts und folgen einem schmaleren Pfad. Direkt vor dem Ortseingang von **Sichersdorf** zweigt der Weg nach links ab

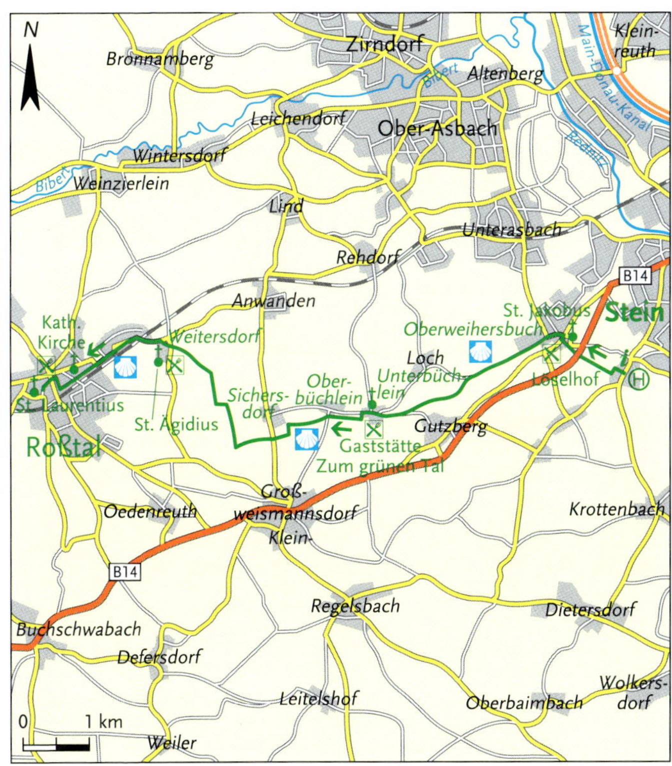

und führt ins nächste Waldstück hinüber. Im Rechtsbogen durch den Wald, über die Straße, führt uns der Waldpfad unter der Hochspannungsleitung durch direkt auf **Weitersdorf** zu.

Wir überqueren die Kastenreuther Straße und folgen geradeaus der Kirchgasse (am Spielplatz vorbei) zur kleinen St.-Ägidius-Kirche. Von der Kirche geht's die Treppen hinab zur Hauptstraße, dann links der Autostraße nach in Richtung Roßtal. Nun ist etwas Vorsicht geboten, denn stellenweise gibt es keinen Gehsteig. Kurz nach einer Unterführung und der anschließenden Linkskurve geht es dann aber links ab auf einem schmalen Fußweg bis zum **Roßtaler Bahnhof**. Von dort folgen wir der Straße noch ein Stück geradeaus und biegen dann links in den Ulmenweg ab. Halb links weiter über einen kleinen Fußweg zur Sichersdorfer Straße, auf der wir rechts, an der katholischen Kirche vorbei, bergab gehen, um dann – kurz vor der Einmündung in die Landstraße – links in die Mühlgasse abzuzweigen. An deren Ende überqueren wir eine etwas größere Straße und biegen halb links in die Richtergasse ein. Nach wenigen Metern schickt uns das Muschelzeichen dann rechts auf einem kopfsteingepflasterten Weg steil den Schlossberg hinauf. Wir landen direkt am Rathaus auf dem hübschen Marktplatz von **Roßtal**.

Nur wenige Schritte abseits des Jakobswegs: der Löselhof in Deutenbach

Der Roßtaler Marktplatz: prächtige Fachwerkhäuser und der Turm von St. Laurentius

Das gibt's zu sehen

Mit der B 14 lassen wir auch den Lärm und die Hektik der Großstadt hinter uns. Die erst 2015/16 renovierte, schlichte kleine **Jakobskirche** in **Oberweihersbuch**, an der wir zu Beginn unserer Wanderung vorbeikommen, lädt dazu ein, einen Moment innezuhalten. Ob nun im Schatten der Bäume auf dem hübschen Platz vor oder im Inneren der 1928 erbauten Kirche – hier ist ein guter Ort, um sich vollends auf die bevorstehende Wanderung einzustimmen. Im Inneren, links neben dem schön gestalteten Glasfenster, begrüßt uns der Schutzheilige der Pilger und Wanderer, zugleich Namenspatron des Kirchleins, der heilige Jakobus, mit seinem muschelverzierten Pilgerhut.

»Sein« Weg führt uns von hier aus durch den idyllischen Locher Grund vorbei an den Ortschaften Loch und Gutzberg, am mäandernden Bächlein entlang, durch Wald und Wiesen ins verschlafene **Unterbüchlein** mit seinen schönen Fachwerkhäusern und Hofeinfahrten – und weiter nach **Weitersdorf**. Um dort im Kirchlein **St. Ägidius** die sorgfältig freigelegten gemalten Kreuze aus dem 14. Jahrhundert an der Nordseite des schlichten

Schöne Erinnerung: Pilgerstempel – wie hier in Oberweihersbuch – gibt es in vielen Kirchen und Herbergen am Jakobsweg.

Innenraums bewundern zu können, muss man sich allerdings zuerst den Kirchenschlüssel im Lagerhaus Förthner hinter dem *Gasthaus Zum Dorfbrunnen* (s. S. 85) organisieren.

Von da ist es nicht mehr weit bis nach **Roßtal**. Der Weg führt uns direkt ins Zentrum des Städtchens – auf den Marktplatz mit seinen hübschen Fachwerkhäusern. Durch ein kleines Tor betritt man von hier den alten Friedhof mit der Kirche **St. Laurentius**, deren hoher, weithin sichtbarer Turm das Ortsbild prägt. Schon im 11. Jahrhundert entstand hier eine erste frühromanische Kirchenanlage. Seither hat die Kirche vielfache Um- und Anbauten erfahren, nur die Krypta überdauerte die Jahrhunderte unbeschadet – sie gilt als eines der ältesten erhaltenen Bauwerke Frankens. Der gut ausgewiesene und übersichtlich aufbereitete **Archäologische Rundweg** durch Roßtal bietet ergänzende Informationen. An neun Stationen entlang der Ausgrabungsstätten der ehemaligen Burg vermitteln großformatige Schautafeln ein umfassendes Bild der »urbs horsadal«, so der alte Name des 954 erstmals erwähnten Ortes Roßtal.

Ausgewählte Adressen und Öffnungszeiten

Tourismusverband Romantisches Franken
Tel. 0 98 03/9 41 41, www.romantisches-franken.de

Nürnberg s. S. 75

Stein

Stadt Stein, Hauptstr. 56, 90547 Stein
Tel. 09 11/68 01-0, www.stadt-stein.de

OT Oberweihersbuch – Stein

Gemeinde St. Jakobus Oberweihersbuch, Pfarrweg 18, 90547 Stein
Tel. 09 11/68 40 46, www.jakobus-online.de
St.-Jakobus-Kirche tagsüber geöffnet

Osteria da Toni, Stuttgarter Str. 8 (Ecke Locher Str.), 90547 Stein
Tel. 09 11/1 32 46 81, www.osteria-toni.de
Mo, Di u. Do–So 11.00–14.00 u. 17.00–23.00, Mi Ruhetag
Italienische Küche, mit Biergarten

OT Unterbüchlein – Stein

Zum Grünen Tal, Unterbüchlein 15, 90547 Stein
Tel. 0 91 27/65 59
Do–Di 10.00–22.00, Mi Ruhetag
Griechische u. deutsche Küche, mit Biergarten

OT Weitersdorf – Roßtal

St.-Ägidius-Kirche, Weitersdorf
Schlüssel erhältlich bei Lagerhaus Förthner
Weitersdorfer Hauptstr. 35, Tel. 0 91 27/57 99 77

Gasthaus Zum Dorfbrunnen, Weitersdorfer Hauptstr. 37, 90574 Roßtal
Tel. 0 91 27/94 41
Di u. Do 18.00–23.00, Fr u. Sa 17.00–23.00, So 15.00–22.00, Mo u. Mi Ruhetag

Roßtal

Markt Roßtal, Marktplatz 1, 90574 Roßtal
Tel. 0 91 27/90 10-0, www.rosstal.de

Ev.-Luth. Pfarramt Roßtal (auch für Weitersdorf zuständig)
Schulstr. 17, 90574 Roßtal
Tel. 0 91 27/5 74 16, www.ev-kirche-rosstal.de
St.-Laurentius-Kirche (Schulstr. 15) tägl. geöffnet

Museumshof Roßtal, Schulstr. 13, 90574 Roßtal
Tel. 0 91 27/57 97 88, www.heimatverein-rosstal.de
Jeden 1. So im Monat 14.00–17.00 geöffnet
Führungen für Gruppen auch nach Voranmeldung möglich

Gasthof Weißes Lamm, Marktplatz 6, 90574 Roßtal
Tel. 0 91 27/5 75 85
Gaststätte: Sa–Do 11.00–21.00, Fr Ruhetag
Übernachtungen ab 20,00 € p. P.
Historische Uhr mit Spiel von 1820 im Gastraum

Kapellenhof Roßtal, Fürther Str. 10, 90574 Roßtal
Tel. 0 91 27/5 75 14, www.kapellenhof.com
Gaststätte: tägl. 10.00–24.00, Übernachtungen ab 26,00 € p. P.

Rückfahrt zum Ausgangspunkt

Roßtal–Nürnberg (Hbf): gute Bahnverbindung mit S 4 oder R 7

Es tut sich was am Jakobsweg

Um den Jakobsweg von Nürnberg nach Rothenburg ob der Tauber attraktiver zu gestalten, wurde bereits vor über 20 Jahren auf Initiative des damaligen Heilsbronner Pfarrers Paul Geißendörfer eine Projektgruppe gegründet. Diese konnte 2016 dreizehn am Weg liegende (politische) Gemeinden zur Beteiligung bewegen, um mit Unterstützung des *LEADER Region Landkreis Fürth e. V. sowie des LAG Region an der Romantischen Straße e. V.* gemeinsame Maßnahmen zu erarbeiten, die den mittelfränkischen Jakobsweg-Abschnitt weiter beleben und den Tourismus in der Region zudem fördern sollen.
Geplant sind unter anderem Informationstafeln, Stelen mit Bibelversen und Sitzgruppen, die Pilger und Wanderer zum Sich-Einstimmen, Nachdenken und Innehalten einladen sollen. Eine Bronzefigur zum Thema Pilgern soll in Stein-Deutenbach aufgestellt werden. Innerhalb der Stadt Rothenburg sollen »Bodennägel« mit dem Jakobsmuschel-Emblem zur Orientierung dienen. Pilgerkärtchen und Infomaterial in den am Weg liegenden Kirchen sollen überarbeitet und neu aufgelegt werden. Und für der Pilger leibliches Wohl sollen künftig die Früchte von entsprechend ausgewiesenen Obstbäumen am Wegesrand sorgen.
Man darf also gespannt sein, was sich in nächster Zeit auf und entlang dem mittelfränkischen Jakobsweg noch alles tun wird.

Nikola Stadelmann

Wir bedanken uns herzlich bei Herrn Friedrich Wagner, Buttendorf, für den Hinweis auf das laufende Projekt und die Informationen über den aktuellen Planungsstand. Herr Wagner vertritt die Kirchengemeinde Roßtal in der Projektgruppe. Bei ihm ist nicht nur der Schlüssel für das Buttendorfer Kirchlein (s. S. 94) zu bekommen, sondern auch kenntnisreiche Auskunft über den mittelfränkischen Jakobsweg.

8 Wo die Hasen sonnenbaden

Roßtal–Heilsbronn (ca. 16 km)

Das liegt vor uns

Die landschaftlich reizvolle, etwas anspruchsvollere Tour mit einigen Anstiegen führt von Roßtal zunächst über Felder und Wiesen, vorbei an malerischen Weihern zum hübschen Buttendorfer Kirchlein, dann über Fernabrünst und Wendsdorf nach Bürglein zur Johanneskirche mit ihrem markanten Fachwerkturm. Von dort geht es an der Friedenseiche vorbei durch den schönen Kettelbachgrund mit seinem mäandernden Bächlein und seinen Fischzuchthaltungen in die Münsterstadt Heilsbronn.

Hier geht's lang

Vom **Roßtaler Marktplatz** folgen wir dem Muschelzeichen über eine schmale Stiege hinab zur Pelzleinstraße.

Schräg gegenüber dem Abzweig nach Raitersaich biegen wir, weil wir den Abstecher zum Buttendorfer Kirchlein machen und, statt an der Straße entlangzulaufen, den reizvolleren Weg über Stöckach nehmen wollen, rechts ab in einen steil ansteigenden, schmalen Fußweg (schräges blaues Kreuz). Oben angekommen gehen wir links und gleich wieder rechts. Der Weg führt uns immer geradeaus über Felder und Wiesen und gibt einen herrlichen Blick frei auf das vor uns liegende Biberttal.

Unmittelbar vor dem Ortseingang von **Stöckach** – an einem Gerätehaus mit kleinem Rastplatz – biegen wir links ab in den »Rundweg 2«. An den nächsten beiden Weggabelungen halten wir uns rechts. Der Weg führt uns zu einem schön gelegenen Weiher, dann in leichtem Linksbogen weiter zu einem zweiten. Von seinem Ufer lotst uns die Rundweg-Markierung über einen Wiesenweg in den Wald. Wir passieren eine Lichtung, auf der (manchmal auch) mehrere Hasen ein Sonnenbad nehmen, und treten wenig später wieder auf freies Feld.

Von hier führt uns unser Weg im Rechts-Linksbogen hinunter nach **Buttendorf**, über die Umgehungsstraße geradeaus auf der Rehbühlstraße in den Ort hinein, dann rechts zum Kirchlein

St. Jakob/St. Aegidius. Auf der Hügelstraße – jetzt wieder der Jakobsmuschel folgend – bis zum Ortsende, dort auf dem linken Schotterweg weiter bis zu einer Dreiergabelung. Hier wählen wir den mittleren, frisch geschotterten Weg, der geradeaus langsam ansteigend auf den Wald zuführt. An der Kreuzung kurz nach Waldeintritt folgen wir dem Jakobsweg nach rechts. Wenig später führt er uns über ein weites Feld geradewegs nach **Fernabrünst**.

Wir passieren die ersten Häuser und biegen dann mit dem Muschelzeichen links ab in die Straße »Am Röthlein«, die uns hinunter auf die Hauptstraße bringt. Auf der anderen Straßenseite folgen wir der Markierung geradeaus in den Schleifweg. Nach etwa 800 Metern zweigt der Jakobsweg rechts ab – hier gibt es eine Bank zum Verweilen – in einen Grasweg, der uns durch ein Waldstück, an einigen Fischweihern vorbei, ins malerisch gelegene **Wendsdorf** hinabführt.

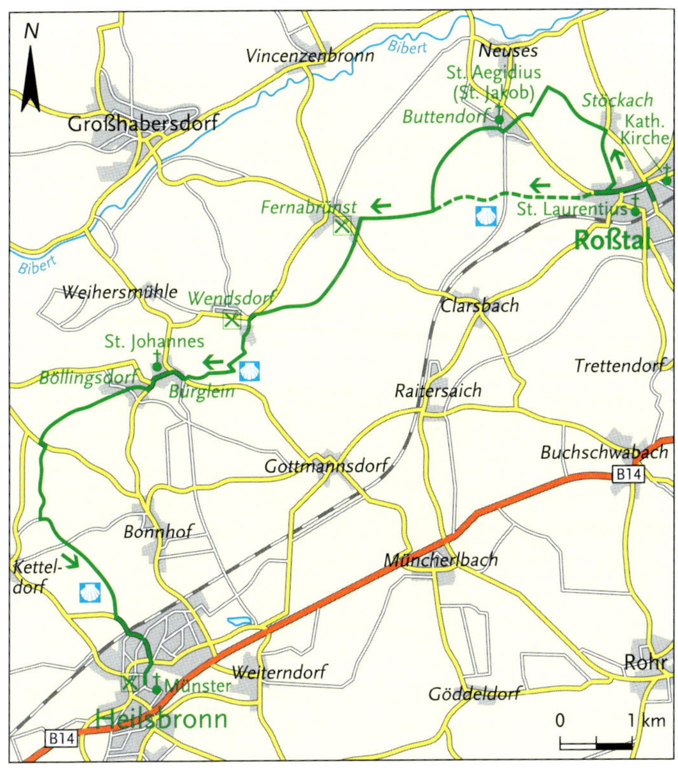

Fachwerk unterm Kirchturmdach: St. Johannes in Bürglein

Wir laufen nach links ins Dorf hinein, biegen an der Dorflinde nach rechts ab und gehen am Gasthaus vorbei den Berg hinauf. An der zweiten Gabelung rechts halten wir uns an einen Schotterweg, auf dem wir schließlich auf eine Ebene hinaufsteigen. Wir folgen der Markierung über die Felder, müssen, weil uns ein Acker den direkten Weg versperrt, kurz links und gleich wieder scharf rechts, um in alter Richtung weiter auf den Waldrand zuzugehen. Noch bevor wir den Wald erreichen, biegen wir links in einen Hohlweg ein, der uns durch den Waldgürtel hinunter nach **Bürglein** bringt.

An der Johanneskirche mit ihrem pittoresken Fachwerkturm vorbei gehen wir auf der Großhabersdorfer Straße – die Friedenseiche steht rechts – in Richtung (des unmittelbar angrenzenden) **Böllingsdorf**. Kurz vor dem Ortseingang biegen wir nach rechts in die Straße »Am Kettelbach« ein, halten uns am Weiher kurz links, um dann rechts auf einem Weg am anderen Bachufer entlang weiterzulaufen.

Wir durchwandern den idyllischen Kettelbachgrund mit seinen Fischhaltungen: Nach einiger Zeit stoßen wir auf eine kleine Straße, der wir kurz nach links auf die andere Seite des

Kettelbachs folgen, biegen dann aber wieder rechts in einen schmalen Weg am Waldrand ab. Wenn später der Weg mit der Grünstrich-Markierung zu uns stößt, halten wir uns an der nächsten Gabelung links. Nun laufen wir mehrere Kilometer zwischen Waldsaum und Wiesen weiter, kreuzen zwischenzeitlich ein Quersträßchen und gelangen endlich zu einer größeren Autostraße, der wir nach links folgen, geradewegs auf die ersten Häuser von **Heilsbronn** zu.

Am Ortseingang überqueren wir die Bahngleise und laufen über die Caspar-Othmayr-Straße rechts in die Bahnhofsstraße, dann weiter bergab den Postberg hinunter bis zum Marktplatz.

Das gibt's zu sehen

Diese Etappe besticht durch weitgehend unberührte Natur, einen schönen Weg, der auf und ab, über Felder und Wiesen, durch Wäldchen und Täler führt, vorbei an malerischen Weihern und idyllisch gelegenen Dörfern. Schon deshalb – und nicht nur, weil wir das dortige Kirchlein **St. Jakob/St. Aegidius** sehen wollen – lohnt sich der »Umweg« über **Buttendorf**. Der hübsche schlichte

Noch Fragen? Wegmarkierung zwischen Böllingsdorf und Heilsbronn

Heilsbronn: die ehemalige Klosterkirche mit dem Brunnen, der an die namensgebende Heilquelle erinnert

Kirchenraum mit dem fast quadratischen Chor und den freigelegten Resten gotischer Wandmalereien ist freilich auch sehenswert.

Neben der Markgrafenkirche, die **St. Johannes** dem Täufer gewidmet ist, und der **Friedenseiche** hat **Bürglein** mit einer kulinarischen Besonderheit aufzuwarten: dem **Bürgleiner Räucherfisch**. Unser Weg führt uns direkt an den Fischaufzuchtsbecken vorbei.

Später, nach langer Wanderung durch den malerischen Kettelbachgrund, stürzen wir uns ins »Getümmel« der Münsterstadt **Heilsbronn**. Auf dem von Fachwerkhäusern eingerahmten Marktplatz bekommt man in *Heike's Kaffeestübchen* hausgemachte Kuchen, Torten, Feingebäck, Brot und Brötchen.

Gestärkt gehen wir die paar Schritte am alten Refektorium vorbei hinüber zum **Münster** mit seinen reichen Kunstschätzen und Grabdenkmälern. Unmöglich, hier auf alles Sehenswerte einzugehen. Darum sei auf die im Münster erhältliche Broschüre von Pfarrer Paul Geißendörfer verwiesen und sollen hier nur ein paar wenige »Highlights« erwähnt werden: die »durchbrochene« **Predella** des gotischen Hochaltars, in der man die Grablegung Christi von vorne und von hinten betrachten kann, zudem die mittelalterliche und sogenannte **»Judensau«** am Sockel einer Figur an einer Säule im Mortuarium und der schöne **heilige Jakobus** in der Heideckerkapelle.

Ausgewählte Adressen und Öffnungszeiten

Tourismusverband Romantisches Franken
Tel. 0 98 03/9 41 41, www.romantisches-franken.de

Roßtal (s. auch S. 85)

OT Buttendorf – Roßtal

Ev.-Luth. Pfarramt Roßtal (zuständig auch für Buttendorf)
Schulstr. 17, 90574 Roßtal, Tel. 0 91 27/5 74 16

Filialkirche St. Jakob/St. Aegidius, Buttendorf
Apr–Okt tägl. 8.00–18.00, ansonsten Schlüssel zur Kirche erhältlich bei Herrn Wagner, Kirchenweg 2, 90574 Roßtal, Tel. 0 91 27/57 96 60

OT Fernabrünst – Großhabersdorf

Lindenhof Fernabrünst, Fernabrünster Hauptstr. 5, 90613 Großhabersdorf
Tel. 0 91 05/3 53, www.lindenhof-fernabruenst.de
Do ab 16.00, Fr–So u. Fei 10.00–22.00, Mo–Mi Ruhetag
Wandergruppen auch außerhalb der Öffnungszeiten nach Vereinbarung
Mit Biergarten, Bauernladen u. eigener Metzgerei

OT Wendsdorf – Großhabersdorf

Willi's Wirtshaus, direkt an der Dorflinde, 90613 Großhabersdorf
Tel. 0 91 05/92 55, www.willis-wirtshaus-wendsdorf.de
Mi, Fr u. Sa 17.00–24.00, So 9.00–12.00 u. 17.00–24.00

OT Bürglein – Heilsbronn

Ev.-Luth. Pfarramt Bürglein, Kirchenweg 7, 91560 Heilsbronn
Tel. 0 98 72/75 04, www.buerglein-evangelisch.de
Johanneskirche, Schlüssel erhältlich im Pfarramt

Weißes Roß, Großhabersdorfer Str. 25, 91560 Heilsbronn
Tel. 0 98 72/89 67, www.buerglein.de
Di ab 18.00, Mi u. Fr ab 17.00 und nach Vereinbarung
(in jedem Fall anrufen, ggf. auch Übernachtung möglich!)

Zur Friedenseiche (»Bei Nestor«), Großhabersdorfer Str. 5, 91560 Heilsbronn
Tel. 0 98 72/68 54, www.friedenseiche-buerglein.de
Di u. Mi 17.00–24.00, Do–So 11.00–14.00 u. 17.00–24.00, Mo Ruhetag
Griechische u. deutsche Küche, u. a. Lammschäufele, mit Biergarten

Heilsbronn

Stadtverwaltung Heilsbronn, Kammereckerplatz 1, 91560 Heilsbronn
Tel. 0 98 72/8 06-0, www.heilsbronn.de

Ev.-Luth. Pfarramt Heilsbronn, Pfarrgasse 8, 91560 Heilsbronn
Tel. 0 98 72/12 97, www.heilsbronn-evangelisch.de
Münster Heilsbronn (Pfarrkirche St. Marien u. Jakobus)
Apr–Okt tägl 10.00–17.30, Nov, Dez u. März Mi–Mo 10.00–16.00, Jan u. Feb geschlossen, Führungen Ostern–Okt So. 13.30 oder nach Vereinbarung

Museum »Vom Kloster zur Stadt«, Konventhaus,
Hauptstr. 5, 91560 Heilsbronn
Tel. 0 98 72/80 51 13, www.museum-heilsbronn.de
März–Dez Fr–So 14.00–16.00, Jan u. Feb So 14.00–16.00

Buchhandlung am Münster, Abteigasse 3, 91560 Heilsbronn
Tel. 0 98 72/9 76 10 02, www.buchhandlung-am-münster.de
Di–Fr 10.00–18.00, Sa 9.00–13.00
Großes Angebot an Jakobswegliteratur, Wanderkarten, Jakobsmuscheln etc.

Freibad Heilsbronn, Am Philosophenweg 1, 91560 Heilsbronn
Tel. 0 98 72/95 67 15, www.heilsbronn-stadtwerke.de

Heike's Kaffeestübchen, Marktplatz 3, 91560 Heilsbronn
Tel. 0 98 72/9 76 06 03, www.heikes-kaffeestuebchen.de
Di, Mi u. Fr 7.30–18.00, Do 7.30–22.00, Sa, So u. Fei 8.00–18.00, Mo Ruhetag

Gasthof und Hotel Goldner Stern, Ansbacher Str. 3, 91560 Heilsbronn
Tel. 0 98 72/12 62, www.goldner-stern-heilsbronn.de
Mo–Mi, Fr u. Sa 17.00–21.00, So 11.00–14.00, Do Ruhetag
Übernachtung ab 26,00 € p. P., mit Biergarten

Privatunterkunft Gisela Lowig, Abteigasse 3, 91560 Heilsbronn
Tel. 0 98 72/3 96, www.mgl-bufimu.de
Übernachtung ab 26,00 € p. P.
Die ehemalige Buchhändlerin vermietet seit vielen Jahren an Jakobsweg-Pilger und ist eine ausgemachte Kennerin der Materie!

Rückfahrt zum Ausgangspunkt

Heilsbronn–Roßtal(–Nürnberg):
sehr gute Bahnverbindungen mit S 4 oder R 7

Historische Schweinerei
Das sogenannte »Judensau«-Motiv

Ein Hinweis in der Broschüre, die im Heilsbronner Münster zum Verkauf ausliegt, macht uns aufmerksam auf die sogenannte »Judensau« am Sockel einer Figur an einer Säule im Mortuarium südlich der Grablege, die wir sonst wahrscheinlich übersehen hätten. Zu sehen sind Juden – deutlich kenntlich gemacht vor allem durch die trichterförmigen Hüte –, die wie die Ferkel gierig an den Zitzen einer Sau saugen.
Wie kommt eine derart antisemitische Abbildung in eine Kirche? Das Relief im Heilsbronner Münster ist da kein Einzelfall. Derartige Darstellungen findet man unter anderem in und an Gotteshäusern in Basel, Brandenburg, Colmar, Erfurt, Köln, Magdeburg, Metz, Regensburg, Wimpfen, Wittenberg, Wien und auch in dem in diesem Buch beschriebenen Gebiet: außer im Heilsbronner Münster noch in Cadolzburg, Nürnberg (Sebalduskirche) und Bamberg (Dom).
Das »Judensau«-Motiv tauchte erstmals im Mittelalter auf und markiert einen drastischen Wendepunkt in der Geschichte der Judendarstellung. Nach einer Zeit des relativ reibungslosen Zusammenlebens mussten die jüdischen Mitbürger – wie schon so oft in der Geschichte – als Sündenböcke für Krisenfälle herhalten. Theologische »Argumentationen« und Legendenbildungen, angefangen mit der kollektiven Schuldzuweisung, die Juden hätten Christus umgebracht, bis hin zum Vorwurf der Hostienschändung und des Ritualmords, aber auch ökonomische und psychologische Faktoren kulminierten in einem Hass, der einer Dämonisierung der Juden gleichkam. Selbst für die Pest machte man sie verantwortlich. Man grenzte sie aus, unterstellte ihnen, mit dem Teufel im Bunde zu sein, sprach ihnen das Menschsein ab. Davon zeugen beispielsweise die perfiden »Judensau«-Darstellungen, die Juden zeigen, die sich, vom Teufel verführt, von Milch und Exkrementen einer Sau ernähren.
Die enge Verbindung mit einem Schwein, dem für Juden unreinen Tier, mit dem möglichst jeder Kontakt vermieden werden sollte, das schier familiäre Miteinander von Juden und Sau, musste die religiösen Gefühle von Juden in besonderer Weise verletzen. Wie muss es um eine Kirche bestellt gewesen sein, die es nötig hatte, Nichtchristen derart zu verunglimpfen? Und auch Martin Luther distanziert sich nicht, ganz im Gegenteil (mit Bezug auf die »Judensau« von Wittenberg): »Hinter der Sau steht ein Rabbiner ... bückt sich und guckt mit großem Fleiß der Sau unter den Bürzel in den Talmud hinein ...«
Es drängt sich die Frage auf, wie man heute mit solchen Darstellungen umgehen kann. Soll man sie entfernen oder aus Denkmalschutzgründen erhalten?

In einer Erklärung der evangelischen Kirche Berlin-Brandenburg aus dem Jahr 1990 wird empfohlen: »Sofern die Kunstwerke an ihrer Stelle verbleiben, sollte der Betrachter durch Hinweise auf Schuld und Betroffenheit der Kirche aufmerksam gemacht und zu neuer Sicht angeleitet werden.« Die evangelische Kirchengemeinde Heilsbronn distanziert sich zumindest in der oben genannten Broschüre von ihrer »Judensau« und sieht in ihr »ein Mahnmal gegen die Diffamierung jüdischer Religion durch die christliche Kirche« und gleichzeitig eine Aufforderung, »einzutreten für einen Dialog zwischen den Menschen verschiedener Kulturen«.

Nikola Stadelmann

Weitere Informationen:
Thomas Bruinier, *Die »Judensau«. Zu einem Symbol des Judenhasses und seiner Geschichte*, In: Forum Religion (4), © 1995 Kreuz Verlag, Stuttgart

Dunkle Wälder, kühles Nass 9

Heilsbronn–Weihenzell (ca. 16 km)

Das liegt vor uns

Die hügelige Strecke von Heilsbronn nach Weihenzell besticht durch friedvolle Waldpassagen und schöne Aussichten. Vorbei an einem Jahrhunderte alten Kreuzstein zwischen Großhaslach und Reckersdorf führt uns der Weg zur Kirche St. Stephanus in Forst – und von dort durch Wald und Wiesen hinunter zur St.-Jakob-Kirche nach Weihenzell.

Hier geht's lang

Vom **Heilsbronner Zentrum** führt uns das Muschelzeichen über den Lindenplatz, am Teich vorbei in die Alte Poststraße, über die Badstraße hinüber und schließlich auf der Ketteldorfer Straße aus der Stadt hinaus. Direkt nach der Eisenbahnunterführung biegen wir links zum Hundeübungsplatz ab und gelangen in den **Ketteldorfer Forst** mit seinen alten Eichen. Wir überqueren zwei größere Querwege, halten uns auch an der großen Fünffach-Kreuzung immer geradeaus und laufen bis in die Waldgemarkung »Schulweg«.

Wir folgen diesem Weg, auch wenn wir aus dem Wald hinaustreten, bis wir auf die Straße nach **Großhaslach** stoßen. Auf ihr gehen wir die letzten Meter hinauf in den Ort. Auf der Heilsbronner Straße überqueren wir den Dorfplatz, dann steigen wir den Kirchenweg hinauf zur evangelischen Pfarrkirche St. Maria. Von dort geht es zwischen Bahrhaus und Schule auf den Friedhof zu. Wir folgen der Straße, die vom Friedhofsparkplatz hinunterführt und biegen dann nicht nach rechts zurück ins Dorf, sondern nach links zum Wald hin ab.

Rechter Hand bemerken wir eine Tafel mit einem Psalmentext. Es ist die erste Station (Wasser) des 2012 entstandenen Besinnungswegs »Vier Perlen am Jakobsweg«, der uns zu einem kleinen Umweg animiert. Statt geradeaus auf den Wald zuzulaufen, biegen wir an der zweiten »Perle« (Feuer) rechts ab und gelangen so zur dritten Station (Luft). Hier wieder nach rechts abgehend führt der Weg zum Kreuzstein, einem schönen alten Steinkreuz im Wald, der zugleich die vierte und letzte »Perle« (Erde) markiert und an dem wir wieder auf unserer ursprünglichen Route gelandet sind.

Von hier folgen wir dem Muschelzeichen auf einem Forstweg geradeaus weiter in den Wald hinein. Eine ganze Weile gehen wir nun immer geradeaus, kreuzen den Weg mit der Rotkreuz-Markierung, bis sich schließlich, wenn wir ins Freie treten, ein wunderschöner Blick auf das Haselbachtal vor uns ausbreitet. Ein Feldweg bringt uns hinunter nach **Reckersdorf**.

Wir laufen durch den kleinen Ort hindurch, überqueren die Autostraße von Bruckberg nach Ansbach und steigen auf einem eingangs asphaltierten Schotterweg hinauf in Richtung Forst, wieder in den Wald hinein. Oben bei der Einmündung in einen anderen Querweg halten wir uns links und gehen dann in alter

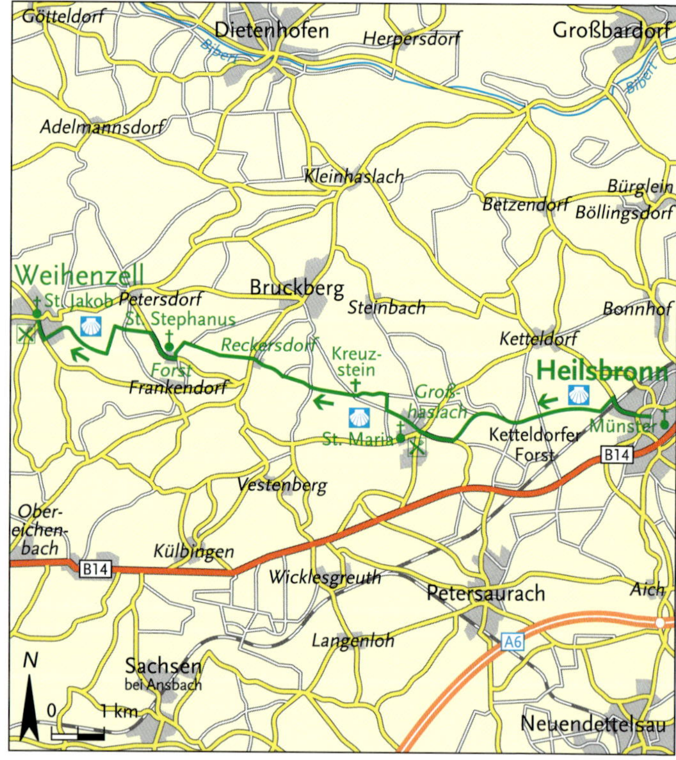

Durch den Torbogen: nur noch wenige Meter
bis zur Marienkirche in Großhaslach

Am trutzigen Kreuzstein vorbei:
durch den Wald nach Reckersdorf

Richtung weiter. Nach circa 300 Metern verlassen wir den Wald, nehmen den Weg geradeaus weiter, und es eröffnet sich eine schöne Aussicht auf die über dem Tal gelegene Gemeinde **Forst**.

Ein Wirtschaftsweg bringt uns über die Fluren dorthin. Vorbei an der Pfarrkirche St. Stephanus mit ihrem achteckigen Turmhelm, dem ehemaligen markgräflichen Jagdschlösschen und dem Gemeindehaus verlassen wir Forst auf der Straße in Richtung Petersdorf. Etwa 200 Meter vor dessen Ortseingang biegen wir aber links ab und gehen über Felder auf eine vorstehende Waldspitze zu. Der Jakobsweg führt uns eine ganze Weile am Waldrand entlang, wird breiter und mündet schließlich in ein asphaltiertes Sträßchen. Wir halten uns an die Muschelzeichen und folgen der Straße nach links, um wenig später wieder rechts in einen Feldweg abzubiegen, auf dem wir durch Wald und Wiesen hinunter nach **Weihenzell** marschieren.

Die Wegmarkierung führt uns den Neuenberg hinunter auf die Straße »Zur Papiermühle«, der wir nach rechts folgen. Den Turm der St.-Jakob-Kirche vor Augen biegen wir links in einen Fußweg, der uns, am Sportplatz vorbei, über ein Brücklein zum Parkplatz unterhalb der Kirche bringt.

Das gibt's zu sehen

Wer nach dem langen Marsch durch den schönen Ketteldorfer Forst nach **Großhaslach** hineinläuft, kann sich, ehe er durch einen Torbogen die letzten Meter zum Marienkirchlein hinaufsteigt, noch eine kleine Stärkung in der *Bäckerei Peipp* besorgen – gegebenenfalls auch glutenfrei, denn die eher unscheinbare Bäckerei hat sich neben vielen anderen Leckereien eben auf glutenfreie Backwaren spezialisiert. (Achtung: In Reckersdorf und Forst gibt es keine Einkehrmöglichkeiten.)

Gut versorgt geht es weiter, zur **St.-Maria-Kirche** mit dem wohl ältesten Taufstein Frankens, und von dort am Friedhof vorbei aus dem Ort hinaus – und schon treffen wir auf eine weitere Großhaslacher Besonderheit: die schon in der Wegbeschreibung erwähnten **»Vier Perlen am Jakobsweg«**, einen 2012 angelegten Besinnungsweg mit den den vier Elementen Wasser, Feuer, Luft und Erde gewidmeten Stationen, die zum Nachspüren und zum Zur-Ruhe-Kommen einladen. Die vierte »Perle«, der **Kreuzstein**

An alles gedacht: Die Pfarrgemeinde Weihenzell sorgt für das Wohl der Pilger.

kurz nach Waldeintritt, ein trutziges Sandsteinkreuz, wie man es im Fränkischen noch öfter findet, markiert schon seit Hunderten von Jahren die Weggabelung zwischen Reckersdorf und Bruckberg.

Nach dem »Abstieg« nach **Weihenzell** verlassen wir kurz den Jakobsweg, um uns die kleine **Jakobskirche** anzuschauen, die innerhalb des eingewachsenen Friedhofs über der Straße »thront«. Der freundliche, schlichte Raum strahlt Ruhe und zugleich Lebendigkeit aus. Und vorne im Altarraum entdecken wir links unter der schönen Figur des heiligen Jakobus nicht nur allerlei »Pilgerutensilien«, wie das Gästebuch, Literatur, Postkarten, Stempel und das blaue Jakobsweg-Kärtchen mit Bibelzitat und Lied, sondern – besonders nett – auch Mineralwasser und Gläser für durstige Wandersleute.

Erfrischung anderer Art verheißt das etwas am Ortsrand gegenüber der Schule gelegene **Freibad** von Weihenzell, bei gutem Wetter ein schier idealer Ort, einen anstrengenden Wandertag ausklingen zu lassen. Jetzt möglichst schnell raus aus den Wanderstiefeln und, solange die Sonne noch scheint, hinein in die Fluten!

Ausgewählte Adressen und Öffnungszeiten

Tourismusverband Romantisches Franken
Tel. 0 98 03/9 41 41, www.romantisches-franken.de

Heilsbronn s. S. 95

Großhaslach

Ev.-Luth. Pfarramt Großhaslach, Kirchplatz 1, 91580 Großhaslach
Tel. 0 98 72/76 00, www.grosshaslach.de
Marienkirche (und Jakobushaus) tägl. geöffnet

Bäckerei und Konditorei Peipp, Talstr. 2, 91580 Großhaslach
Tel. 0 98 72/14 78, www.baeckerei-peipp.de
Mo, Do u. Sa 6.00–12.30, Di, Mi u. Fr 6.00–12.30 u. 14.30–18.00, So geschlossen
Auch glutenfreie Backwaren

OT Forst – Weihenzell

St.-Stephanus-Kirche, Forst, 91629 Weihenzell
Schlüssel gegenüber bei Familie Bogenreuther, Haus Nr. 2, erhältlich

Weihenzell

Gemeinde Weihenzell, Ansbacher Str. 15, 91629 Weihenzell
Tel. 0 98 02/9 50 10, www.weihenzell.de

Ev.-Luth. Pfarramt Weihenzell (auch für die Gemeinden Forst zuständig)
Petersdorfer Str. 2, 91629 Weihenzell
Tel. 0 98 02/6 66, www.kirchengemeinden-weihenzell-wernsbach-forst.de
St.-Jakob-Kirche, Schlüssel gegenüber in der Sparkasse gegen Unterschrift oder im Pfarramt erhältlich

(Fortsetzung Weihenzell s. nächste Seite)

Freibad Weihenzell, Am Eichenberg 2, 91629 Weihenzell
Tel. 0 98 02/84 00, www.weihenzell.de
In den Sommermonaten tägl. 9.00–20.00
Bei schlechtem Wetter 9.00–12.00 u. 17.00–20.00

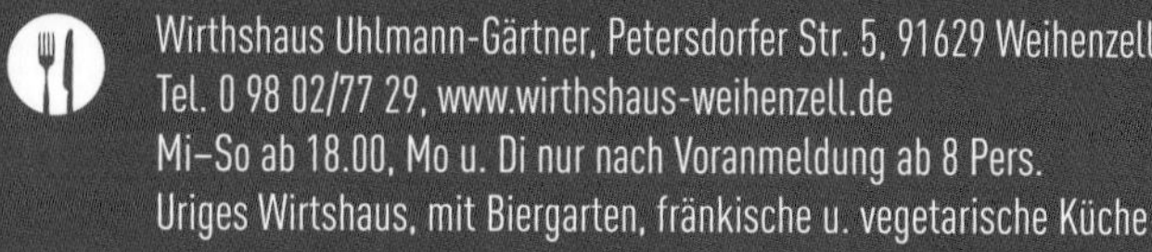

Wirthshaus Uhlmann-Gärtner, Petersdorfer Str. 5, 91629 Weihenzell
Tel. 0 98 02/77 29, www.wirthshaus-weihenzell.de
Mi–So ab 18.00, Mo u. Di nur nach Voranmeldung ab 8 Pers.
Uriges Wirtshaus, mit Biergarten, fränkische u. vegetarische Küche

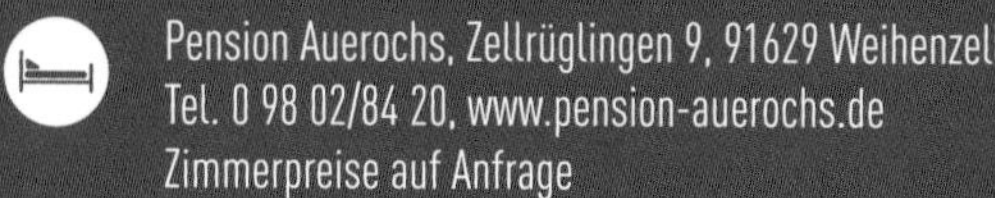

Pension Auerochs, Zellrüglingen 9, 91629 Weihenzell
Tel. 0 98 02/84 20, www.pension-auerochs.de
Zimmerpreise auf Anfrage

Privatzimmer Fam. Gußmann, Mühlleite 5, 91629 Weihenzell
Tel. 0 98 02/71 26, Übernachtung ab 18,00 € p. P.

Rückfahrt zum Ausgangspunkt

Weihenzell–Heilsbronn:
seltene, unregelmäßige Busverbindung mit den Buslinien 715 oder 716 über Ansbach (Achtung: Sa nur bis Mittag, So keine Fahrten!);
ab Ansbach gute Bahnverbindung mit S 4 oder R 7 (nach Heilsbronn und Nürnberg)

Zu Lehrbergs »Kappl« 10

Weihenzell–Lehrberg (ca. 12 km)

Das liegt vor uns

Kopfbedeckung und Sonnencreme sollte man dabeihaben auf dieser Etappe, denn sie führt uns über lange Strecken auf weitem Feld. Von Weihenzell geht es zuerst nach Wernsbach, dann über eine weite Ebene Richtung Röshof und von dort durch Wald und Wiesen hinunter ins verschlafene Örtchen Buhlsbach. Auf dem letzten Wegabschnitt zum Etappenziel Lehrberg lohnt sich der kleine Umweg über die sogenannte »Lehrberger Kappl«. »Langläufer« können diese Etappe um 6 km verlängern und bis Häslabronn weiterlaufen (s. Etappe 11).

Hier geht's lang

Von der **Weihenzeller St.-Jakob-Kirche** gehen wir zurück zur Brücke und biegen direkt dahinter rechts in einen Fußweg ab, der anfangs am Wernsbach entlangführt und am Schützenheim in die Straße »Am Sportzentrum« mündet. Diese führt uns auf die Hauptstraße, dort wenden wir uns rechts zum Kreisverkehr. Hier wählen wir die Straße nach Zellrüglingen und biegen am Ortsende vor einer Baustoffhandlung links in die Straße »Am Schelm« ein, die sich zum Wald hin als Schotterweg fortsetzt.

Im Folgenden bleiben wir unbeirrt immer auf dem Hauptweg, bis wir auf eine T-Kreuzung treffen. Hier gehen wir links bis zur nächsten, an der wir wieder links abbiegen. Nachdem wir einen Sportplatz passiert haben, wird unser Weg zur asphaltierten Straße, auf der wir nach **Wernsbach** hinuntergelangen. (Alternativ zweigen wir, von der Straße »Am Schelm« kommend, etwa 250 Meter nach Waldeintritt halblinks in einen kleinen Waldweg ab. Ihm folgen wir eine ganze Weile bergan, bis er uns dann relativ eben durch den Wald auf eine Lichtung zuführt. In einer Rechtskurve halten wir uns geradeaus und gehen weiter bis zum Ende des Waldes. Hier wenden wir uns nach links und steigen auf einem schmalen Rainweg abwärts, wieder in den Wald hinein und weiter nach Wernsbach.)

Bald passieren wir die ersten Häuser und treffen auf die »Schelmleite«, die uns zur Hauptstraße führt. Rechts die Johanniskirche. Wir verlassen den Ort, am Friedhof vorbei, auf der Hauptstraße. Kurz vor dem Ortsausgang lotst uns die Muschelmarkierung halbrechts eine kleine Nebenstraße hinauf. (Nicht ganz rechts in die Wüstendorfer Straße abbiegen!)

Rechterhand sehen wir schon von Weitem einen schönen Aussichtspunkt mit überdachter Rundbank. Dahinter schließt sich ein eingezäunter Streuobstgarten mit allerlei alten Sorten an. Unser Weg führt direkt daran vorbei. Eine ganze Weile gehen wir über freies Feld immer geradeaus – Röshof mit seiner Biogasanlage ist weithin sichtbar –, treffen auf den Weg mit dem blauen Kreuz und gelangen an einen Überlandleitungsmast, an dem uns das Jakobsweg-Zeichen geradeaus auf den Wald und die (hörbare) Straße zulotst. Kurz bevor wir sie erreichen, biegen wir links ab und wandern am Waldrand entlang auf **Röshof** zu.

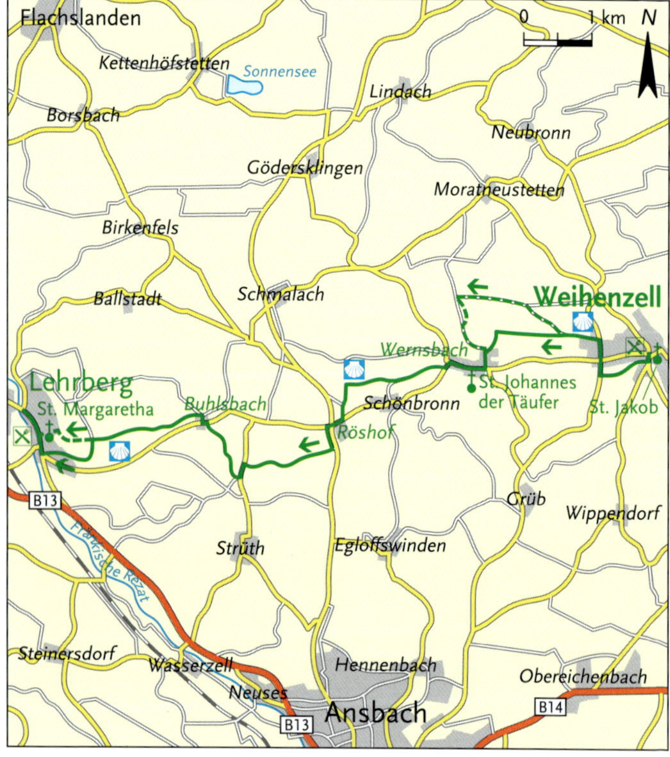

Gut »behelmt«: St. Johannis in Wernsbach mit dem eigenwilligen Glockenturm

Auf der Autostraße (von Wernsbach nach Lehrberg) gelangen wir rechts auf die große Kreuzung. Hier überqueren wir die ausgebaute Straße von Ansbach nach Neustadt/Aisch (Vorsicht!) und biegen unmittelbar danach links in einen Schotterweg ab, der circa 250 Meter parallel zur Straße verläuft, bis er fast im Neunzig-Grad-Winkel nach rechts abzweigt. Wir folgen dem Weg über mehrere Kilometer, durch zwei kleinere (Birken-) Waldstücke, bis er auf eine Straße trifft. An ihr nach links bis zum Waldbeginn, dort rechts in einen Wirtschaftsweg, den wir allerdings kurz darauf gleich wieder nach rechts verlassen. Der überwachsene Weg führt uns erst am Waldrand (mit mehreren Jägerständen) entlang, dann über Felder und Wiesen hinunter ins idyllisch gelegene Örtchen **Buhlsbach**.

Vorbei an einem kleinen Badeweiher, erst über die Straße, dann über die Brücke hinüber. Wir verlassen das Dorf nicht auf der Straße nach Brünst, sondern halten uns links, um wenig später noch einmal scharf links – hier fehlt die Markierung – in einen steil ansteigenden, zunächst gepflasterten Feldweg abzubiegen, der auf den Wald zuführt. Im Wald halten wir uns eher links und folgen einem kleinen Pfad, der uns durch ein bewaldetes Tal führt, bis wir ins Freie treten und auf einen Wirtschaftsweg treffen. Wir halten uns stetig links und folgen dem Weg, der in ein Asphaltsträßchen übergeht, hinunter nach **Lehrberg**. Schließlich stoßen wir auf die Untere Hindenburgstraße, auf der wir rechts auf die St.-Margaretha-Kirche zugehen.

Statt auf Asphalt in unseren Zielort zu stapfen, bietet sich jedoch die schönere Variante über den Kapellbuck an, der an der »Lehrberger Kappl« vorbei über die Obere Steingasse auf den Lehrberger Marktplatz führt. Hierfür verlassen wir den Jakobsweg bei einem Parkplatz nach rechts in den mit einem roten Kreis gekennzeichneten Kapellweg.

Gegenüber der Lehrberger Kirche fällt einem sofort die große Baulücke und, auf den zweiten Blick, auch der marmorne Gedenkstein auf. Er ist den Opfern der fatalen Gasexplosion gewidmet, die im September 2006 die Bäckerei hier mitten im Ortskern in Schutt und Asche gelegt und sechs Menschen das Leben gekostet hatte.

Schöner Rastplatz: Blick auf Wernsbach und Lehrberg inklusive

Das gibt's zu sehen

An der schönen Kirche **St. Johannis** im etwas unscheinbaren **Wernsbach**, der ersten Station unserer Etappe, sollte man nicht achtlos vorbeigehen. Von der Wehrkirche aus dem 15. Jahrhundert stehen heute noch die zwei Geschosse des Turms sowie Mauer und Tor der alten Friedhofsbefestigung. Sein heutiges, etwas eigenwilliges Aussehen bekam der Turm im 18. Jahrhundert, als man ihm das achteckige Glockengeschoss und den entsprechenden Turmhelm »aufsetzte«. Wer die Kirche auch von innen sehen will, muss sich den Schlüssel im Pfarramt besorgen.

Kommt man nach langem Marsch im idyllisch gelegenen Örtchen **Buhlsbach** an, könnte man es den Kindern gleichtun, die ausgelassen im Wasser des kleinen **Badeweihers** am Ortseingang planschen. Überquert man die kleine Brücke, findet sich – alternativ – ein lauschiges Plätzchen unter einem großen Baum, an dem es sich rasten und ausruhen lässt.

Jetzt ist es nicht mehr weit nach **Lehrberg**. Die zuvor beschriebene Wegvariante über den Kapellbuck bringt uns direkt zur Ruine der ehemaligen Bergkapelle St. Jobst, die ein gewisser Eustachius von Birkenfels Anfang des 15. Jahrhunderts als Teil eines längst nicht mehr vorhandenen Herrensitzes errichten ließ. Im Dreißigjährigen Krieg wurde sie zerstört, heute steht nur noch die Turmruine, die sogenannte **Lehrberger Kappl**. Sie ist das weithin sichtbare Wahrzeichen des Orts.

Etwas entfernt vom (Jakobs-)Weg, unweit des Weilers Hürbel am Rangen steht die Lehrberger **Kreuzeiche**, ein schöner knorriger Baumriese, den der Ansbacher Heilige Gumbertus der Legende nach selbst gepflanzt und in dessen Schatten er Wunder gewirkt haben soll. Fachleute schätzen das Alter der Kreuzeiche auf bis zu 800 Jahre – das heißt allerdings, dass sie erst lange Zeit nach Gumbertus' Tod gepflanzt wurde. Trotzdem ist sie ein beeindruckendes Naturdenkmal, das den kleinen Umweg allemal lohnt.

Bevor man in einer der relativ zahlreichen Lehrberger Gaststätten einkehrt, sollte man noch einen Blick in die **St.-Margaretha-Kirche** werfen. Im 13. Jahrhundert brachte der Eichstätter Bischof Gundekar II. hierher zwei angeblich vom Kreuz Christi stammende Reliquien mit, einen Nagel und ein Stück Holz, weshalb die Kirche seinerzeit ein beliebtes Wallfahrtsziel war.

Lehrberger Wahrzeichen:
die »Kappl«, Turmruine aus dem 15. Jahrhundert

Ausgewählte Adressen und Öffnungszeiten

Tourismusverband Romantisches Franken
Tel. 0 98 03/9 41 41, www.romantisches-franken.de

Weihenzell (s. auch S. 105f.)

OT Wernsbach – Weihenzell

Kirchengemeinde Wernsbach (Pfarramt), Wernsbach 32, 91629 Weihenzell
Tel. 09 81/8 78 56, www.wernsbach-evangelisch.de
Johanniskirche Wernsbach, Apr–Okt tägl. 8.00–20.00,
Schlüssel auch im Pfarramt oder im Haus Wernsbach Nr. 24 erhältlich

Restaurant Santorini, Wernsbach 39, 91629 Weihenzell
Tel. 09 81/35 76 63 02, Di–So 11.30–14.30 u. 17.00–23.00, Mo Ruhetag
Griechische Küche

Lehrberg

Gemeinde Markt Lehrberg, Sonnenstr. 14, 91611 Lehrberg
Tel. 0 98 20/9 11 90, www.lehrberg.de

Ev.-Luth. Pfarramt Lehrberg, Obere Hindenburgstr. 45, 91611 Lehrberg
Tel. 0 98 20/91 25 00, www.evangelische-gemeinde-lehrberg.de
St.-Margaretha-Kirche, am Marktplatz Lehrberg, tagsüber geöffnet

Kapellenstube, Kapellenstr. 2a, 91611 Lehrberg
Tel. 0 98 20/17 98, www.gaststaette-kapellenstube.de
Di–Fr ab 11.00, Sa u. So ab 10.00, Mo Ruhetag
Durchgehend warme Küche, mit Biergarten u. Kinderspielplatz

(Fortsetzung Lehrberg s. nächste Seite)

Gasthof Kern, Obere Hindenburgstr. 5, 91611 Lehrberg
Tel. 0 98 20/2 22, www.gasthof-kern-lehrberg.de
Mi–Mo 11.30–14.00 u. 17.00–21.00, Di Ruhetag, mit Biergarten
Übernachtung ab 32,00 € p. P.

Ferienwohnung Rezatblick, Untere Hindenburgstr. 30, 91611 Lehrberg
Tel. 0 98 20/4 77, Übernachtung ab 20,00 € p. P.

Haus Sonnenblick, Erni Vogel, Nelkenstr. 3, 91611 Lehrberg
Tel. 0 98 20/17 47, Pilger von Do–So willkommen
Ferienwohnung (ab 2 Pers.) ab 35,00 €, DZ ab 24,00 €

Hotel Löwe, Marktplatz 16, 91611 Lehrberg
Tel. 0 98 20/9 70 79, www.loewe-lehrberg.de
Übernachtung ab 38,00 € p. P.

Rückfahrt zum Ausgangspunkt

Lehrberg–Weihenzell:
eigentlich nur eine einzige einigermaßen gute Verbindung am Tag, Anschluss am Nachmittag mit Bus Nr. 705 oder 732 nach Ansbach (allerdings nur unter der Woche, Sa nur bis Mittag, So gar nicht), von dort ggf. mit Bahn S 4 oder R 7 zurück nach Nürnberg

Jakobs Muschel

Von einer Vorliebe des heiligen Jakobus für Muscheln ist nichts überliefert, doch ist die Muschel eines seiner bekanntesten Attribute. Sie weist den Jakobspilger aus – und ihm den Weg.

Eine mittelalterliche Legende berichtet von einem jungen Ritter, der Jakobus und dessen Schülerschar folgte. Nach der Durchquerung eines Meeresarms soll dieser »erste Pilger« von oben bis unten mit Muscheln bedeckt gewesen sein.

In einer anderen Variante der Geschichte ist es ein junger Adliger, der dem Schiff mit dem Leichnam des Heiligen entgegenritt und in den Fluten versank. Nachdem er mit Jakobs wundersamer Hilfe das rettende Ufer wieder erreichte, waren auch er und sein Pferd vollkommen mit Muscheln übersät. Seither ist die Jakobsmuschel das Zeichen für die religiöse Pilgerschaft schlechthin.

Nikola Stadelmann

11 Durch den Naturpark Frankenhöhe

Lehrberg–Binzwangen (ca. 16 km)

Das liegt vor uns

Höhepunkte dieser landschaftlich besonders schönen Etappe sind die Burg Colmberg, von der aus man einen herrlichen Blick über das weite Obere Altmühltal hat, und, auf dem Weg dorthin, das »prämierte« Örtchen Häslabronn mit seinen malerischen Fachwerkgebäuden und dem hübschen Jakobskirchlein. Über überwachsene Pfade, aber leider auch über reichlich Asphalt führt uns der Weg auf Binzwangen mit seinem weithin sichtbaren Zwiebelkirchturm zu.

Hier geht's lang

Von der **Lehrberger Kirche** aus laufen wir an der Oberen Hindenburgstraße, der alten B 13, ortsauswärts auf der Brücke über die Fränkische Rezat. Danach weist uns das Muschelzeichen nach links und sofort wieder nach rechts auf eine kleine Asphaltstraße (Rothenburger Straße), die parallel zur Autostraße verläuft. In einem großen Linksbogen unterqueren wir die Ausfahrtsstraße und gelangen nach etwa zwei Kilometern nach **Unterheßbach**.

Am Ortseingang halten wir uns links und steuern auf die neue B 13 zu, die wir unterqueren, und gehen auf einem Wirtschaftsweg weiter auf den Wald zu. Nach einer Linkskurve halten wir uns halb rechts und wandern in alter Richtung weiter waldwärts, dann links ein kurzes Stück bergan in den Wald hinein – bis zu einem Weg, in den wir nach rechts einbiegen.

Eine ganze Zeit geht es nun durch den Wald, bis wir auf einen Weg treffen, dem wir nach links weiter ins Waldinnere folgen. An der Kreuzung wenig später halten wir uns rechts. Wir passieren einen Weg von rechts, dann lotst uns das Jakobswegzeichen erneut nach links und führt uns schließlich wieder links durch den Waldgürtel, dann über Wiesen ins Tal hinab, ins romantische Örtchen **Häslabronn** mit seinen Fachwerkhäusern und der kleinen Jakobskirche.

Nach einem Abstecher zur Kirche gehen wir ein paar Schritte zurück zum »Europa-Nostra-Stein«, wenden uns dort nach links und verlassen auf einem gepflasterten Sträßchen das Dorf. An der nächsten Weggabelung halten wir uns rechts, und auch an der danach folgen wir unserem Weg halb rechts weiter hinauf, auf eine Waldspitze zu. Bevor wir links in den Wald eintreten, werfen wir noch einmal einen Blick zurück auf das malerisch daliegende Häslabronn.

Im Wald, dem »Häslabronner Rangen«, wird der Weg steiler. Oben angelangt, biegen wir links in einen Forstweg ein, bis dieser auf einen Querweg stößt. Hier nach rechts, doch etwas später schickt uns die Markierung links ab auf einen schönen, himbeerbewachsenen (Um-)Weg über die Schulzenhöhe, der an einem Parkplatz mit mehreren Infotafeln letztlich wieder auf dem alten Weg endet. Auf ihm gehen wir links aus dem Wald hinaus und gelangen in einem Linksbogen auf der von Berndorf kommenden Fahrstraße zur **Burg Colmberg** – und später hinunter in den gleichnamigen Ort.

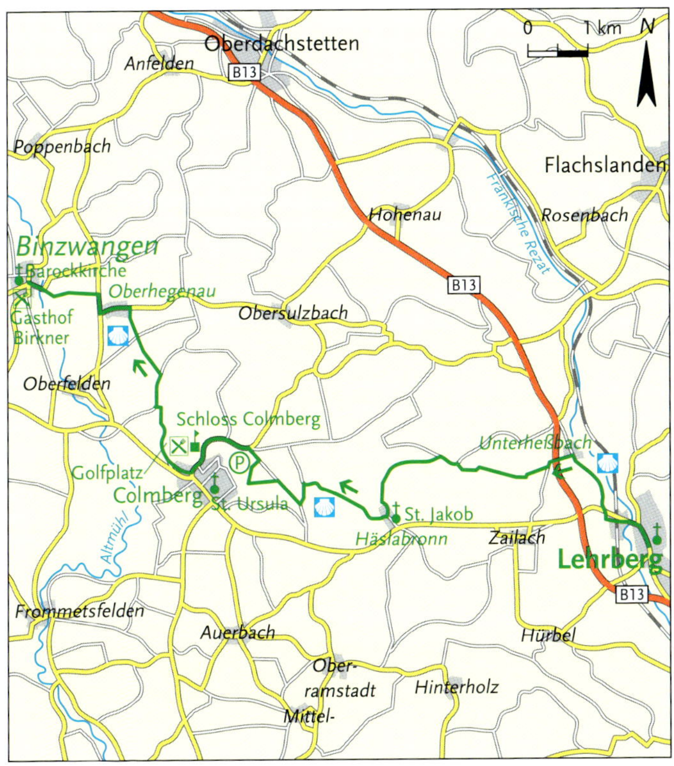

Stille Schönheit: das malerische Dorf Häslabronn mit seinem Jakobskirchlein

Wir verlassen **Colmberg** auf der Rothenburger Straße, biegen am Ortsausgang halb rechts in Richtung Golfplatz ab und gehen auf einer kleinen asphaltierten Straße unterhalb des Burgbergs immer leicht rechts weiter. Durch den Golfplatz hindurch, an mehreren Fisch- und einem Badeweiher vorbei und dann am Waldsaum entlang stoßen wir auf einen Querweg. Hier biegen wir kurz links, dann aber gleich wieder rechts ein und können, während wir parallel zum Waldrand weiterlaufen, schräg links vor uns schon **Oberhegenau** erkennen.

Und so zweigt auch der Jakobsweg bald – endlich von der Straße weg – nach links ab und führt uns auf überwachsenen Graspfaden und, nach der Querung eines Wirtschaftsweges, auf einem Schotterweg zu einem Sträßchen, dem wir links die letzten Meter in den Ort folgen. Am Ortsausgang biegen wir rechts ab auf die Straße nach Rothenburg (Obacht, hier wird schnell gefahren!), bis wir nach etwa 300 Metern links ab auf einem Nebensträßchen in Richtung **Binzwangen** weitergehen. Wem das »Asphalthatschen« zu viel wird, der stapft über die Felder, immer auf den weithin sichtbaren Zwiebelkirchturm der – für Franken untypischen – Barockkirche St. Sebastian, Cornelius und Cyprian zu.

Das gibt's zu sehen

In **Häslabronn** sollte man die paar Schritte ab vom Weg hinunter zum hübschen **Jakobskirchlein** unbedingt gehen, vielleicht sogar einen Moment auf dem Bänkchen im idyllischen Kirchhof verweilen. Hier scheint die Zeit stehen geblieben zu sein – oder zumindest viel langsamer zu vergehen als anderswo. Mit seinen romantischen, seit Jahrhunderten kaum veränderten Fachwerkhöfen und -häusern zählt das kleine Örtchen zu den schönsten Dörfern Frankens (1992 bekam es die »Europa-Nostra-Medaille« verliehen).

Der Weg über die Schulzenhöhe nach Colmberg eröffnet immer wieder wunderbare Blicke auf die **Burg Colmberg**, auf der man übrigens auch speisen und »ritterlich« übernachten kann. Ein kleiner Abstecher lohnt sich in jedem Fall, denn von der auf dem 511 Meter hohen Heuberg thronenden mittelalterlichen Burg mit ihrem kupferbedachten, runden Bergfried überblickt man das sich weithin öffnende Altmühltal. Der unterhalb des Burgbergs liegende und großzügig angelegte **Golfplatz** ist nur eines der Freizeitangebote, das die Gemeinde zu bieten hat. Hier befinden sich – direkt am Jakobsweg – zudem

Thront über dem Oberen Altmühltal: die Burg Colmberg

Fast am Etappenziel: über die Altmühl auf die Binzwanger Kirche St. Sebastian, Cornelius und Cyprian zu

ein netter befestigter **Badeweiher** mit Grill- und Spielplatz sowie eine Halfpipe.

Ausgehend vom Infozentrum des Naturparks Frankenhöhe an der St.-Ursula-Kirche (in dem auch der *Tourismusverband Romantisches Franken* untergebracht ist) führt der **Colmberger Eichenwaldweg**, ein mit zahlreichen Infotafeln versehener Lehrpfad, durch den wunderschönen, über 200 Jahre alten Eichenwald.

Auf dem Weg nach Oberhegenau laufen wir über überwachsene Graspfade an einer schönen Feldhecke entlang und haben, wie bereits erwähnt, in der Ferne immer schon unser Ziel, den charakteristischen Zwiebelturm des **Binzwanger Barockkirchleins** vor Augen. Dort angekommen sollten wir uns keinesfalls die köstlichen, von der Wirtin selbst gemachten Küchle im *Gasthof Birkner* entgehen lassen!

Ausgewählte Adressen und Öffnungszeiten

Tourismusverband Romantisches Franken, Am Kirchberg 4, 91598 Colmberg
Tel. 0 98 03/9 41-41, www.romantisches-franken.de

Lehrberg (s. auch S. 113f.)

Berger-Scheune und Ferienhaus, Fam. Berger
Berndorf 15, 91611 Lehrberg, Tel. 0 98 03/3 51
Scheune 12,00 € p. P., Zimmer ab 25,00 € p. P.

OT Häslabronn – Colmberg

Ev.-Luth. Pfarramt Colmberg (auch für Häslabronn zuständig)
Am Kirchberg 7, 91598 Colmberg, Tel. 0 98 03/2 22
St.-Jakob-Kirche tägl. geöffnet , Schlüssel erhältlich bei Fam. Raab, Haus Nr. 8
Tel. 0 98 20/8 86

Colmberg

Markt Colmberg, Am Markt 1, 91598 Colmberg
Tel. 0 98 03/93 29-0, www.colmberg.de

St.-Ursula-Kirche, Am Kirchberg 5, 91598 Colmberg
Tagsüber geöffnet

Hotel und Restaurant Burg Colmberg, An der Burgenstr., 91598 Colmberg
Tel. 0 98 03/9 19 20, www.burg-colmberg.de
Mi–Mo ab 7.00, warme Küche 11.30–14.00 u. 17.30–21.00
Di ab 15.00, warme Küche 17.30–21.00
Übernachtung ab 49,50 € p. P.
Etwas nobler, wunderbar gelegen, mittelalterliches Ambiente

Gutshof Colmberg, Gaststätte und Pension, Burgstr. 26, 91598 Colmberg
Tel. 0 98 03/12 09, www.gutshof-colmberg.de
Gaststätte: Mai–Sep Mo, Di u. Fr–So ab 10.00, Mi u. Do ab 17.00
Okt–Apr Mo u. Do ab 17.00, Di u. Fr–So ab 10.00, Mi Ruhetag
Übernachtung ab 27,00 € p. P.
Fränkische Küche, mit Biergarten

OT Binzwangen – Colmberg

Ev.-Luth. Pfarramt Binzwangen, Binzwangen 1, 91598 Colmberg
Tel. 0 98 03/2 57
Barockkirche Binzwangen, Schlüssel im Pfarramt (s. oben)

Gasthaus Birkner, Binzwangen 43, 91598 Colmberg
Tel. 0 98 03/9 32 94 01, www.gasthaus-birkner.de
Mo, Di u. Do–Sa 17.00–20.00, So 11.00–14.00 u. 17.00–20.00, Mi Ruhetag
Zimmer ab 22,00 € p. P.

Ferienbauernhof Eisner, Binzwangen 4, 91598 Colmberg
Tel. 0 98 03/2 44, www.ferienbauernhof-eisner.de
Zimmer ab 25,00 € p. P.

Ferienbauernhof Ohr, Binzwangen 33, 91598 Colmberg
Tel.0 98 03/2 89, www.ferienbauernhof-ohr.de
Zimmerpreise auf Anfrage

Rückfahrt zum Ausgangspunkt

Binzwangen–Lehrberg:
mit Bus Nr. 732 (Sa nur bis Mittag, So gar nicht)
Binzwangen–Ansbach–Nürnberg:
Anschluss am Nachmittag mit dem Bus Nr. 732 nach Ansbach (allerdings nur unter der Woche, Sa nur bis Mittag, So gar nicht), von dort ggf. mit S 4 oder R 7 zurück nach Nürnberg

12 Froschkonzert und Menschenmassen

Binzwangen–Rothenburg ob der Tauber (ca. 18 km)

Das liegt vor uns

Die letzte Etappe nach Rothenburg ob der Tauber bietet einige Gegensätze – die Stille der unberührten Natur rund um den Karrachsee, aber auch Autobahnlärm und Asphalttreten auf den letzten Kilometern – sowie, am Ziel, Mittelalterflair und Touristenmassen. Wem die Etappe zu lang ist oder wer die letzte etwas öde »Betonstrecke« des Jakobswegs nach Rothenburg umgehen möchte, kann in Wachsenberg übernachten und am nächsten Tag auf einem insgesamt 17 km langen, aber landschaftlich reizvollen Umweg über Schweinsdorf, Steinbach, Detwang und Bronnenmühle nach Rothenburg wandern.

Hier geht's lang

Wir verlassen **Binzwangen** auf der Straße in Richtung Dornhausen, bis uns die Muschelmarkierung nach rechts in einen Schotterweg schickt, der uns über Felder und Wiesen nach **Stettberg** lotst – den Kirchturm von St. Nikolaus haben wir stets vor Augen. Am schönen Weiher am Ortseingang vorbei gehen wir gar nicht wirklich in den Ort hinein, sondern wenden uns am ersten Abzweig nach links (Richtung Rothenburg) und wandern nach Südwesten aus Stettberg hinaus.

Nachdem wir den Ödenbach überquert haben, halten wir uns rechts und biegen nach etwa 250 Metern links in einen Schotterweg ein, der geradewegs auf die Landstraße zuhält. An seinem Ende, einem Parkplatz (mit Rast- und Spielplatzresten), biegen wir scharf rechts ab und gehen auch an der Schutzhütte mit der Tafel des Naturparks Frankenhöhe rechts weiter auf dem Weg in Richtung Windelsbach, der schöne Ausblicke auf Stettberg und Cadolzhofen freigibt.

An der von Cadolzhofen kommenden Straße angelangt, folgen wir ihr nach links und biegen wenig später rechts in einen mit Gras überwachsenen Waldweg ein. Im Wald weist uns die

Markierung halb links über eine Lichtung, wir gehen weiter, vorbei an herrlichen Himbeerbüschen, bis zur Straße, der wir rechts bis zu einer Kreuzung folgen. Hier rechts auf der Straße die Kuppe hinauf, dann schickt uns das Muschelzeichen links auf einem Feldweg in den Wald hinein. Wir folgen der Markierung durch den Wald – an einem eingezäunten Waldstück schlagen wir einen Links-Rechts-Haken – und erreichen, wieder im Freien, einen Betonweg, dem wir rechts ein Stück in Richtung Windelsbach folgen. Bei nächster Gelegenheit biegen wir links in einen anfangs ebenfalls betonierten Weg ab, der uns am Waldsaum entlang im malerischen Grund des Karrachbachs geradewegs auf die weithin sichtbare Karrachmühle zuführt.

Umso größer die Verwunderung, als uns die Markierung des *Fränkischen Albvereins* mit dem Verweis auf eine Wegverlegung plötzlich nach links über den Karrachbach und dann, noch mal links, in die entgegengesetzte Richtung zurücklotst. Kurz nach einer Scheune (mit etwas verwirrender Markierung) weist das

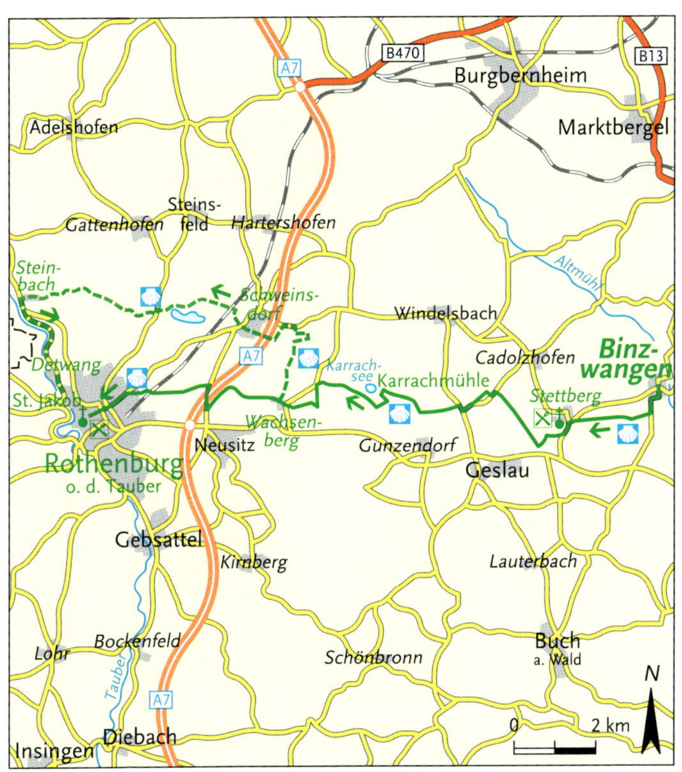

Nur noch aus der Ferne zu genießen:
der idyllische Karrachsee mit der Karrachmühle

Muschelzeichen uns über die Felder auf eine kleine, am Waldrand verlaufende Straße zu, die uns nach rechts schließlich doch zu Karrachsee und **Karrachmühle** führt. Oder vielmehr daran vorbei!

Denn nun erschließt sich die seltsame Wegumleitung. Der Zugang zum See und der Durchgang zum gegenüberliegenden Ufer, an dem der Jakobsweg früher verlief, ist inzwischen verboten. Aus Rücksicht auf das den See umschließende Naturschutzgebiet, wie wir von einem Anwohner erfahren. Das respektierend bleibt uns nichts anderes übrig, als sehnsüchtige Blicke über den idyllisch gelegenen See mit seinen quakenden Fröschen und Enten schweifen zu lassen und dem Forststräßlein, auf dem wir gekommen sind, weiter in den Wald hinein zu folgen.

Nach einem kurzen Linksschwenk treffen wir auf eine größere Fahrstraße. Hier geht es jedoch sofort wieder links in einen Forstweg, der uns »zurück« in den Karrachwald bringt. Nach etwa einem halben Kilometer schickt uns das Muschelzeichen nach rechts. Durch Nadel- und Mischwälder laufen wir auf **Wachsenberg** zu.

Am Ausgang des hübschen Dorfes halten wir uns erst rechts, dann links und gehen über ein weites Feld bis zur nächsten Weggabelung. Von dort führt ein kleiner Waldweg bergab und dann in einem weiten Linksbogen auf die lärmende Autobahn zu. Ein Stück gehen wir sogar parallel zu ihr, dann, kurz vor dem »Schafhof«, in dem aber vor allem Hunde untergebracht sind, schickt uns die Jakobswegmarkierung auf Schotter hinauf zu einer Straße, die rechts unter der Autobahn hindurchführt. Auf ihr laufen wir ein Stück weiter und biegen dann links auf eine Nebenstraße ab, die über weites Feld, am Flughafengelände vorbei und auf die weithin sichtbare Stadt **Rothenburg ob der Tauber** zuläuft.

Halb rechts über die Bahngleise geht es kurz danach links in einen kleinen, nicht mehr asphaltierten Weg. Wir passieren die ersten Häuser, folgen dem Weidleinsweg bis zur Schweinsdorfer Straße, der wir nach links zur alten Stadtmauer folgen. Wir betreten die Rothenburger Altstadt durch das Galgentor, gehen schnurstracks die Galgengasse hinunter, durchs Weiße Tor hindurch, auf die Jakobskirche zu.

Das gibt's zu sehen

Auf dieser letzten Etappe vor Rothenburg ob der Tauber wird dem fröhlichen Wandersmann einiges geboten – überwachsene Pfade, kühle Grunde, lauschige Seen, romantische Dörfer, aber auch Autobahnlärm und touristisches »Gewusel«. Ein landschaftlicher Höhepunkt ist sicherlich die **Karrachmühle** mit dem idyllisch gelegenen, von Schilf gesäumten und mit Seerosen bewachsenen See. Leider – oder vielleicht Gott sei Dank – kann man dort nicht einkehren, seit einiger Zeit ist der Zugang zum Karrachsee und das dazugehörige Naturschutzgebiet gesperrt. So genießen wir den Frieden und die Heiterkeit des Fleckens »aus der Ferne«, auf einer Wiese oberhalb des Südufers sitzend, und lauschen dem Gezwitscher der Vögel.

Hübsch hergerichtet präsentiert sich das Dörfchen **Wachsenberg**. Leider ist ab jetzt reichlich Asphalttreten angesagt, aber von hier ist es ja nicht mehr weit bis **Rothenburg ob der Tauber**.

Trotz der Unmengen an Touristen hat sich die Altstadt mit ihrem Kopfsteinpflaster, den wunderschönen Fachwerkbauten und einer auf den Wehrgängen begehbaren Stadtmauer ihre mittelalterliche »Heimeligkeit« bewahrt und scheint auf ihre

Das Ziel vor Augen: unter der A 3 hindurch und schnurstracks nach Rothenburg

Stärkung (nicht nur) für müde Wanderer: Rothenburger Schneeballen

Weise ebenso weit entfernt von (groß-)städtischer Hektik, Verkehrslärm und Leuchtreklame wie die Dörfer und Orte, durch die wir gewandert sind.

Es empfiehlt sich, sich in der Tourist-Information am Marktplatz erst mit allerlei Material einzudecken, bevor man sich mit all den anderen zu den Sehenswürdigkeiten der Stadt begibt – zuallererst natürlich zur großen gotischen **Jakobskirche** mit Tilman Riemenschneiders **Blutaltar**.

Immer wieder spannend, vor allem auch für Kinder, ist ein Besuch im mittelalterlichen **Kriminalmuseum** oder, wem das zu schaurig ist, im **Reichsstadtmuseum** im Klosterhof. Der unmittelbar danebenliegende **Klostergarten** mit seinen etwa 50 verschiedenen Kräutern ist ebenfalls einen Abstecher wert. Ebenso der **Burggarten**, von dem aus man einen herrlichen Blick über die südliche Stadt sowie das Taubertal mit der Kobolzeller Kirche und der Doppelbrücke im Hintergrund hat.

Ausgewählte Adressen und Öffnungszeiten

Tourismusverband Romantisches Franken
Tel. 0 98 03/9 41-41, www.romantisches-franken.de

Binzwangen s. S. 123

OT Stettberg – Geslau

St.-Nikolaus-Kirche Stettberg
Schlüssel zu erfragen in Haus Nr. 8

Zum Hirschen, Stettberg 4, 91608 Geslau
Tel. 0 98 67/97 92 31, www.zumhirschenstettberg.de
Mi Ruhetag, nur Vesper (Biolandhof)

OT Wachsenberg – Neusitz

Pension Lug ins Land, Wachsenberg 24a, 91616 Neusitz
Tel. 0 98 61/97 61 06, www.pension-luginsland.de
Übernachtung ab 35,00 € p. P., inklusive Frühstück

Rothenburg ob der Tauber

Tourismus Service Rothenburg, Marktplatz 2, 91541 Rothenburg o. d. T.
Tel. 0 98 61/40 48 00, www.rothenburg.de
Mai–Okt Mo–Fr 9.00–18.00, Sa, So u. Fei 10.00–17.00
Nov–Apr Mo–Fr 9.00–17.00, Sa 10.00–13.00, So Ruhetag

Ev.-Luth. Pfarramt St. Jakob, Klostergasse 15, 91541 Rothenburg o. d. T.
Tel. 0 98 61/70 06 20, www.rothenburgtauber-evangelisch.de

St.-Jakob-Kirche, Kirchplatz, 91541 Rothenburg o. d. T.
Apr–Okt tägl. 9.00–17.00, Nov u. Jan–März tägl. 10.00–12.00 u. 14.00–16.00
Dez tägl. 10.00–16.45

Kriminalmuseum Rothenburg, Burggasse 3–5, 91541 Rothenburg o. d. T.
Tel. 0 98 61/53 59, www.kriminalmuseum.rothenburg.de
Apr–Okt tägl. 10.00–18.00, Nov–März tägl. 13.00–16.00
(Sonderöffnungszeiten in der Weihnachtszeit beachten!)

Reichsstadtmuseum Rothenburg, Klosterhof 5, 91541 Rothenburg o. d. T.
Tel. 0 98 61/93 90 43, www.reichsstadtmuseum.rothenburg.de
Apr–Okt tägl. 9.30–17.30, Nov–März tägl. 13.00–16.00
(Sonderöffnungszeiten in der Weihnachtszeit!)

Kutschfahrten Klenk, Hauptstr. 21, 91607 Gebsattel
Tel. 0 98 61/8 69 22, www.kutschfahrten-rothenburg.de
Tagestouren, Stadtrundfahrten, Taubertalfahrten nach tel. Vereinbarung

Weingut und Hotel Glocke, Plönlein 1, 91541 Rothenburg o. d. T.
Tel. 0 98 61/95 89 90, www.glocke-rothenburg.de
Warme Küche (außer So) mittags und abends
Übernachtung ab 49,00 € p. P.
Nach der Glocke des einstigen St.-Johannis-Spitals aus dem frühen 13. Jhd. benannt

Evangelische Tagungsstätte Wildbad, Taubertalweg 42, 91541 Rothenburg o. d. T.
Tel. 0 98 61/97 70, www.wildbad.de; spezielle Pilgerangebote telef. erfragen

Pension Hofmann-Schmölzer, Rosengasse 21, 91541 Rothenburg o. d. T.
Tel. 0 98 61/33 71, www.hofmann-schmoelzer.de
Übernachtung ab 40,00 € p. P. (auf besondere Angebote achten!)

Privatunterkunft auf Spendenbasis: Camilla Ebert, Tel. 0 98 61/83 79

Rückfahrt zum Ausgangsort

Rothenburg–Binzwangen:
mit Bus 732 oder 815 (Sa nur bis Mittag, So gar nicht);
Rothenburg–Nürnberg:
Bahnverbindung mit RE, RB oder S-Bahn über Steinbach und Ansbach

Donnerbruder Jakob

Jakobus war einer der jungen Fischer am See Genezareth, die sich Jesus als Erste angeschlossen hatten. Zusammen mit seinem Bruder Johannes, mit Petrus und dessen Bruder Andreas gehörte er sozusagen zum engsten Kreis um Christus, war bei dessen Verklärung zugegen und im Garten Gethsemane. Ihrer Hitzigkeit wegen hatte Jesus ihn und Johannes »Donnersöhne« genannt. Bei Lukas ist eine Szene überliefert, in der Jakobus Feuer und Vernichtung auf die Leute herabwünschen möchte, die sie, die Jünger, nicht hatten aufnehmen wollen. Nach Christi Tod soll er in der Gegend von Samaria und in Jerusalem gepredigt haben, bis ihn um das Jahr 44 n. Chr. König Herodes Agrippa enthaupten ließ. Anlass war, so sagt es die »legenda aurea«, die Auseinandersetzung mit dem populären pharisäischen Zauberer Hermogenes, den Jakobus besiegt und schließlich sogar zum Christentum bekehrt hatte. Und noch auf dem Weg zur Richtstätte hatte Jakobus die Chuzpe, einen Lahmen zu heilen und den Schriftgelehrten Josias, der ihn am Strick führte, zu bekehren und zu taufen, was Letzteren allerdings ebenfalls den Kopf kostete.

Wie kommt nun aber dieser Jakobus von Palästina nach Spanien? Einer Legende nach war er in den Jahren nach Jesu Tod nach Spanien gegangen, um dort zu missionieren, kehrte aber aufgrund geringer Erfolge nach Jerusalem zurück. Nach seinem Märtyrertod wurde er zunächst in einem Kloster auf dem Sinai begraben. Von dort wurden seine Gebeine schließlich vor den Sarazenen nach Spanien in Sicherheit gebracht. Eine andere Legende besagt, seine Jünger hätten seinen Leichnam sogleich nach der Hinrichtung an die Meeresküste getragen und dort in ein Schiff gelegt, das ihn von Engeln geleitet – oder in einer anderen Überlieferung von einem Schwanenweibchen gezogen – nach Galizien brachte.

Spanische Quellen berichten über weitere Wunder: etwa, dass der Steinblock, auf den der tote Heilige nach seiner Landung gelegt wurde, wie Wachs unter ihm nachgegeben und sich von selbst zum Sarkophag geformt hätte, und dass wilde Stiere sich in die zahmen Ochsen verwandelt hätten, die den Wagen mit dem Sarkophag an die Stelle zogen, an dem später die Wallfahrtskirche von Santiago de Compostela (übersetzt: »Jakob vom Sternenfeld«) gebaut wurde.

In anderen Quellen musste vor dem Bau der Kirche im 9. Jahrhundert erst noch das Grab des Heiligen wiedergefunden werden: Einmal heißt es, Engel hätten dem Einsiedler Pelagius den Aufenthaltsort des Heiligen verkündet, ein andermal war es ein übernatürliches Licht. Es gibt sogar eine Legende, in der Kaiser Karl der Große Jakobs Grab entdeckte. Aufmerksam geworden auf eine Sternenstraße, die vom Friesischen Meer bis nach Galizien zeigte, und im Traum von Jakobus selbst aufgefordert, gegen das ungläubige Heidenvolk, zur »Befreiung

seiner Straße« und »zum Besuch seines Grabes« nach Spanien zu ziehen, machte er sich tatsächlich auf den Weg nach Santiago ...
Unzählige weitere Legenden ranken sich um den hartnäckigen Apostel. Bis heute hat sich in Spanien jene erhalten, wonach der tote Heilige 843 n. Chr. hoch zu Ross, mit Banner und Schwert, in die Schlacht von Clavigo eingegriffen und den Sieg über die Mauren davongetragen haben soll, was ihm den Beinamen »Matamoros« (Maurentöter) einbrachte.
Jakobus wird dargestellt als Apostel mit Buch oder Rolle, als Pilger mit Hut, Stab und Muschel, als Ritter mit Schwert und weißem Pferd. Er ist der Patron der Pilger und Wallfahrer, der Krieger, Lastenträger, Hutmacher, Wachszieher, Apotheker und anderer, er ist zuständig für das Wetter und das Gedeihen der Äpfel und Feldfrüchte und hilft gegen Rheumatismus.

Nikola Stadelmann

Von Würzburg nach Rothenburg ob der Tauber

13 Gemütlich durchs Maintal

Würzburg–Ochsenfurt (ca. 21 km)

Das liegt vor uns

Sportliche Herausforderungen gibt es auf dieser gemütlichen Strecke entlang des Mains nicht. Mal links, mal rechts des Ufers geht es auf 21 Kilometern ohne nennenswerte Steigungen durch Weinberge und schmucke Dörfer nach Ochsenfurt. Die weiße Jakobsmuschel auf blauem Grund begleitet uns auf der gesamten Strecke und weist uns den Weg.

Hier geht's lang

Wir nehmen unsere Wanderung in der Residenzstadt **Würzburg** auf und wandern die meiste Zeit am Main entlang, den wir auf diesem Abschnitt nicht weniger als viermal überqueren. Natürlich finden wir die erste Wegmarkierung an einer Kirche, nämlich **Don-Bosco** (oder auch Schottenkirche) auf der westlichen Mainseite. Wir gehen von dort aus ein Stück über den Schottenanger, dann links am Pfarrhaus und unter der Deutschhauskirche, der ältesten nicht zerstörten Kirche Würzburgs, hindurch und links durch die Zeller Straße mit einem Jakobusbildstock bis zur Alten Mainbrücke. Wir überqueren die Brücke und steigen am anderen Ende rechts die Treppe hinunter zum Mainufer. Mit dem Fluss zur Rechten geht es zunächst an den Parkplätzen, dann entlang der Allee des Ludwig-Kais und an einem Spielplatz vorbei bis kurz vor die Konrad-Adenauer-Brücke.

Wer Heidingsfeld »rechts liegen lassen« möchte, kann hier einfach geradeaus am Flussufer weitergehen und gelangt so direkt nach Randersacker.

Ansonsten führt der Jakobsweg hier halb links zum Damm hinauf und auf die Autobrücke, auf der wir den Main wieder überqueren. Auf der anderen Seite links hinunter und gleich rechts unter der Bahn hindurch auf dem Wiesenweg (später Wenzelstraße) geradeaus nach **Heidingsfeld** hinein. Auf der Höhe der Sparkasse steigen wir links ein paar Stufen hinunter auf einen Fußweg, der in einen kleinen Park führt; an dessen Ende wir links und dann noch einmal links abbiegen und uns dann nach rechts wenden, die Seilerstraße überqueren und geradeaus hinunter zum Mainufer gelangen. Auf dem Rad- und Fußweg geht es jetzt mit dem Fluss zur Linken weiter auf einem Weg, der erst »An der Ziegelhütte«, dann »Jakobikirchweg« heißt – eine Art kleiner Gruß einstiger Jakobspilger an die heutigen. Auf diesem Weg kommen wir bis zur Staustufe **Randersacker**, steigen dort die Treppe hinauf und gehen (hinter einem großen Gebäude ein wenig nach links) über den Steg wieder ans andere Mainufer. Wer möchte, kann hier links abbiegen, um in den Ort zu gelangen, etwa für eine kurze Rast in einer der Weinstuben von Randersacker.

Der Jakobsweg selbst biegt indes nach der Staustufe wieder nach rechts ab und führt uns auf dem auch als Mainwanderweg ausgezeichneten Rad- und Fußweg auf **Eibelstadt** zu.

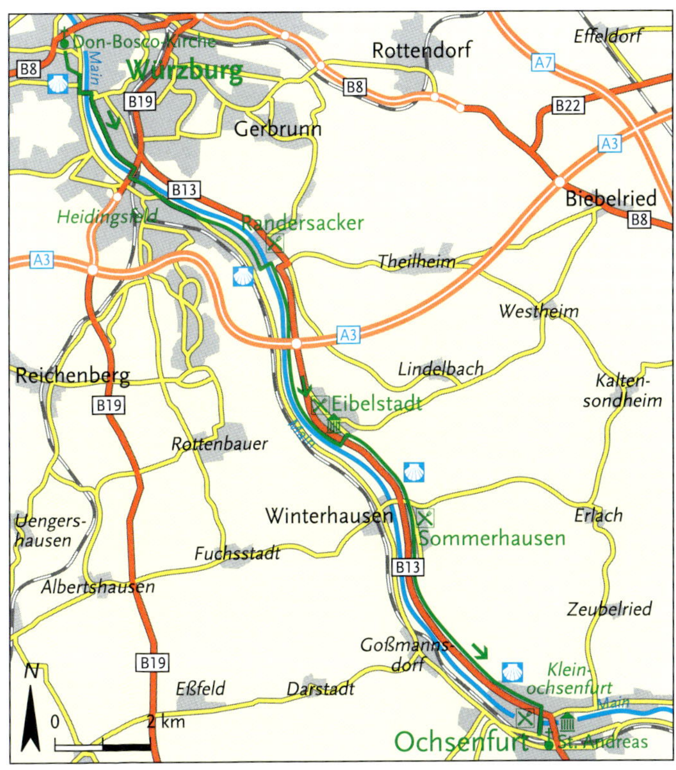

Die ältere Streckenführung bleibt dem Fluss treu; wem der Anblick des Mains auch weiterhin Freude macht oder wer keine Steigungen absolvieren möchte, läuft einfach weiter geradeaus, passiert Eibelstadt und gelangt am Mainufer nach Sommerhausen.

Landschaftlich besonders reizvoll und nur unwesentlich länger, hat sich mittlerweile die Strecke durch die Weinberge eingebürgert (beide Wegvarianten sind mit der Jakobsmuschel markiert). Am Bolzplatz gehen wir dafür links durch eine Unterführung hindurch. Wir gelangen zum Marktplatz, wandern rechts auf der Hauptstraße weiter und über eine kleine Brücke. Danach geht es links ein Stückchen steil aufwärts, dann nach rechts auf einen Weg, der uns durch die Weinberge bis nach **Sommerhausen** bringt. Wir überqueren am Ende des Weinbergwegs die Straße, gelangen durch die Ölspielstraße durch ein Tor zur Hauptstraße und gehen durch den Ort, den wir durch das Ochsenfurter Tor verlassen. Geradeaus weiter, an den Weinbergen vorbei bis nach Kleinochsenfurt.

Variante für Radfahrer: Gleich hinter dem Ochsenfurter Tor geht es rechts auf die Herrengasse und durch eine Unterführung links auf den gut ausgebauten Mainweg.

Wahrzeichen Würzburgs: die Alte Mainbrücke und die Festung Marienberg

Traumhaft gelegen und einen Abstecher wert: der Weinort Randersacker

Wir gehen rechts durch den Ort zum Fluss, treffen auf den Mainweg und kommen zur Alten Mainbrücke, auf der wir den Fluss ein letztes Mal überqueren. Direkt auf der anderen Seite empfängt uns die historische Altstadt von **Ochsenfurt**.

Das gibt's zu sehen

Wer 21 Kilometer zu wandern hat, fängt den Tag vielleicht nicht gleich mit einem ausgiebigen Stadtrundgang an. Dennoch beginnen wir mit **Würzburg**, dem Ausgangspunkt des Fränkisch-Schwäbischen Jakobswegs – für den Fall, dass Sie schon am Vortag angereist sind oder zumindest eine Sehenswürdigkeit anschauen oder wissen wollen, was Sie hätten sehen können.

Heute ist die Stadt vor allem wegen ihrer (nach dem Krieg wiederaufgebauten) **Residenz** berühmt, die im Jahr 1981 als zweites deutsches Bauwerk in das UNESCO-Weltkulturerbe aufgenommen wurde. Die von dem damals noch nicht besonders berühmten Balthasar Neumann entworfene Residenz mit dem größten zusammenhängenden Deckenfresko der Welt, mit dem

In Wirklichkeit weniger schräg, dafür umso eindrücklicher:
das Neue Rathaus in Ochsenfurt mit der Monduhr am Lanzentürmchen

prachtvollen Kaisersaal und der nicht weniger beeindruckenden Hofkirche gehört zu den bedeutendsten Barockschlössern Deutschlands und nimmt auch in Europa eine herausragende Stellung ein.

Ein noch markanteres, weil weithin sichtbares Wahrzeichen der Stadt ist die **Festung Marienberg**, die auf der Westseite des Flusses über der Stadt thront. Während des Bauernkrieges wurde die Feste im Jahr 1525 erfolglos belagert. Auf der Seite der angreifenden Bauern befand sich unter anderem der durch Goethes Drama berühmt gewordene Götz von Berlichingen, der allerdings später floh und auch damit den kommenden Untergang der Bauern bei Königshofen besiegelte. Ein Denkmal in der Residenz erinnert heute an die Niederschlagung des Aufstands und somit an ein bitteres Kapitel der (Reformations-)Geschichte.

Zu bitter vielleicht? Werfen wir, ehe wir uns auf den Weg machen, lieber einen Blick in eine der Würzburger Kirchen. Die **Don-Bosco- oder Schottenkirche**, wo wir beginnen, den Muschelzeichen zu folgen, wurde wie viele andere Würzburger Bauwerke 1945 zerstört und danach wiederaufgebaut. Wussten Sie, dass Schottenkirchen und -klöster deshalb so heißen, weil sie von irischen Missionaren gegründet wurden? Diese Namensverwirrung geht darauf zurück, dass Irland im Mittelalter auf Lateinisch wegen des Volksstamms der Scoten »Scotia Maior« genannt wurde. Geweiht war die Kirche ursprünglich St. Jakobus, und das erklärt auch, warum unsere Jakobswegstrecke hier beginnt. Als Pilger kann man sich in der Turmkapelle einen Reisesegen spenden lassen, bevor es am Ufer des Mains entlang losgeht.

In **Heidingsfeld** kommen wir in der Wenzelstraße direkt an einem **Sühnebildstock** aus dem 15. Jahrhundert vorbei, der für uns Wanderpilger von einigem Interesse ist, wurde doch dem Errichter des Bildstockes als Sühne für einen Mord auch eine Wallfahrt nach Santiago auferlegt – eine im Hoch- und Spätmittelalter durchaus übliche Art der Bußübung für schwere Sünden. Der Weg von Randersacker nach Eibelstadt führt zwischen Fluss und Schnellstraße entlang und wird ein wenig eintönig, zumal auf mehr als drei Kilometern (noch) keine Rastbänke für einen gemütlichen Zwischenstopp vorhanden sind.

Wein, Kunst, Theater und fränkische Gastlichkeit schreibt sich die kleine Stadt **Sommerhausen** auf die Fahnen. Dort finden Sie im Würzburger Tor das 1950 gegründete **Torturmtheater**, das mit 50 Plätzen als Deutschlands kleinstes Theater gilt und hauptsächlich zeitgenössische Stücke im Programm hat. Mehrere Galerien zeigen vor allem kontemporäre Kunst; in der **Galerie beim Roten Turm** können Sie Glas, Keramik, Bronzen und japanische Farbholzschnitte sehen. Auch das Kunsthandwerk fühlt sich in Sommerhausen wohl: Drechslerei und Kunstschmiede, Scherenschnitte und Holzbildhauerei sind in verschiedenen Werkräumen zu Hause. Außerdem kann man sich – wie an allen Orten dieser Etappe – zwischendurch noch mit den besten Weinen der berühmten Weinbauregion stärken.

Die einstige Bedeutung **Ochsenfurts** als strategisch wichtige Furt, die Handelswaren, Heere und Pilgerströme in und durch die Stadt brachte und damit ihren Reichtum und ihre Macht begründete, zeigt sich noch heute an der starken Befestigungsanlage, mit der sich die Stadt seit dem späten Mittelalter geschützt hat. Ein Rundgang um die sechs noch bestehenden Ochsenfurter **Türme und Stadttore** lohnt sich für alle, die am Ende eines Wandertages noch Energie zum Laufen haben.

Andernfalls bietet sich eine Besichtigung der Stadtpfarrkirche **St. Andreas** aus dem 14./15. Jahrhundert mit ihrem herrlichen Renaissance-Hochaltar und einer Tilman Riemenschneider zugeschriebenen Statue des heiligen Nikolaus und ein Besuch des **Heimatmuseums im Schlößle** oder des **Trachtenmuseums** an. Den wirklich fußmüden Pilger laden zahlreiche Cafés und Gaststätten zur Rast ein, aber auch der sollte sich zumindest das Lanzentürmchen auf dem **Neuen Rathaus** von 1515 am Marktplatz nicht entgehen lassen, wo zur vollen Stunde die originelle Figurenuhr ein reizendes Schauspiel bietet.

Ausgewählte Adressen und Öffnungszeiten

Würzburg

Tourist-Information Würzburg, Falkenhaus, Marktplatz 9, 97070 Würzburg
Tel. 09 31/37 23 98, www.wuerzburg.de

Residenz Würzburg, Balthasar-Neumann-Promenade, 97070 Würzburg
Tel. 09 31/35 51 70, www.residenz-wuerzburg.de
Apr–Okt tägl. 9.00–18.00, Nov–März tägl. 10.00–16.30

Schiffstouristik Würzburg Kurth & Schiebe, St.-Norbert-Str. 1, 97299 Zell am Main
Tel. 09 31/5 85 73, www.schiffstouristik.de
Fahrten den Main hinunter nach Randersacker u. zurück:
Apr–Okt von 10.00–17.00 stdl. vom Mainkai aus, an dem der Weg direkt vorbeiführt

Sommerhausen

Galerie am Maintor, Maingasse 10, 97286 Sommerhausen
Tel 0 93 33/12 45, www.woodturningde.wordpress.com
Fr 16.00–19.00, Sa 10.00–18.00, So 14.00–18.00 u. nach Vereinbarung
Holzkunst, Schreibgeräte, gedrechselte Schalen

Galerie im Schloss, Hauptstr. 25, 97286 Sommerhausen,
Tel. 0 93 03/9 98 72, www.galerie-am-schloss-sommerhausen.de
Sa u. So 14.00–18.00 sowie nach Vereinbarung
Wechselausstellungen zeitgenössischer Kunst

Cafè Macaron, Mönchshof 10, 97286 Sommerhausen
Tel. 0 93 33/9 04 20 70, www.malort-sommerhausen.de
Fr 11.00–18.00, Sa u. So 9.00–18.00
Französische Leckereien im historischen Ambiente

Restaurant Philipp, Hauptstr. 12, 97286 Sommerhausen
Tel. 0 93 33/14 06, www.restaurant-philipp.de
Mi–So ab 19.00, Sa, So u. Fei auch 12.00–14.00
Sehr nobel u. entsprechend kostspielig, dafür exquisite saisonale Speisen, Arrangements wie z. B. das »Theater-Menü« mit Reservierung im Torturmtheater

Eibelstadt

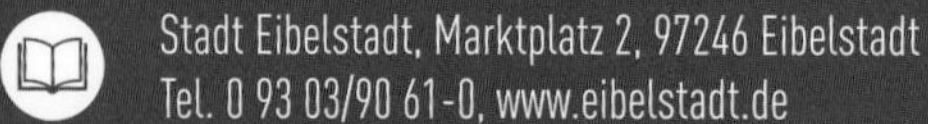

Stadt Eibelstadt, Marktplatz 2, 97246 Eibelstadt
Tel. 0 93 03/90 61-0, www.eibelstadt.de

Heimatmuseum Eibelstadt, Hauptstr. 12, 97246 Eibelstadt
Tel. 0 93 03/82 44, www.eibelstadt.de/heimatmuseum.html
Mai–Okt So 14.00–16.00 u. nach Vereinbarung

Weingut Leo Sauer, Würzburger Str. 33, 97246 Eibelstadt
Tel. 0 93 03/5 96, www.weingut-leo-sauer.de
Mo–Fr 9.00–19.00, Sa 10.00–15.00
Etwa 50 Weine im Angebot, u. a. »Alfred« (alkoholfrei)

Zum Weinglöcklein, Marktplatz 1, 97246 Eibelstadt
Tel. 0 93 03/7 45 91 54, Mo–Fr 16.00–23.00, Sa u. So 11.00–23.00
Schon wegen des faszinierenden Namens schön!

Ochsenfurt

Fremdenverkehrsbüro Ochsenfurt, Hauptstr. 36, 97199 Ochsenfurt
Tel. 0 93 31/97-0, www.ochsenfurt.de

Katholische Pfarreiengemeinschaft Ochsenfurt, Pfarrgasse 9, 97199 Ochsenfurt
Tel. 0 93 31/8 02 50 80, www.st-andreas-ochsenfurt.de

Heimatmuseum im Schlössle, Brückenstr. 26, 97199 Ochsenfurt
Tel. 0 93 31/58 55
Ostern–Okt Sa, So u. Fei 14.30–16.30 sowie nach Vereinbarung

Trachtenmuseum im Greisinghaus, Spitalgasse 13, 97199 Ochsenfurt
Tel. 0 93 31/58 55
Ostern–Okt Sa, So u. Fei 14.30–16.30 sowie nach Vereinbarung

Gasthof Bären, Hauptstr. 74, 97199 Ochsenfurt
Tel. 0 93 31/86 60, www.hotel-baeren-ochsenfurt.de
Gaststätte: Mi–Sa 17.00–23.00, So u. Fei 11.30–14.00 u. 17.30–21.00
Mo u. Di Ruhetag, auch für Vegetarier gute Optionen bei angemessenen Preisen, freundlicher Service; Zimmerpreise auf Anfrage

Gasthof zum Schmied, Hauptstr. 26, 97199 Ochsenfurt
Tel. 0 93 31/24 38, www.hotel-schmied.de
Gaststätte: Öffnungszeiten telefonisch erfragen
Einzelzimmer ab 40 €, Doppelzimmer ab 35 € p. P., inklusive Frühstück
Befindet sich in einem denkmalgeschützten Fachwerkhaus aus dem Jahr 1268, heißt Radfahrer u. Pilger besonders willkommen und bietet einen Abholservice vom Bhf. Ochsenfurt an!

Gasthof Da Eso, Spitalgasse 1, 97199 Ochsenfurt
Tel 0 93 31/28 09
Gaststätte: Öffnungszeiten telefonisch erfragen
Einzelzimmer ab 30 €, Hunde erlaubt
Italienisches Restaurant, verbindet mediterranes Flair u. fränkische Gemütlichkeit, mit Biergarten

GoldGemäuer, Obere Klingengasse 3, 97199 Ochsenfurt
Tel. 0 93 31/74 30, www.goldgemaeuer.de
Zimmerpreise auf Anfrage
Gästezimmer und Ferienwohnungen direkt in der Altstadt an der Stadtmauer

Rückfahrt zum Ausgangspunkt

Ochsenfurt–Würzburg:
sehr gute Bahnverbindung mit Regionalbahn

14 Schutzengel meets Streichelzoo

Ochsenfurt–Aub (ca. 19,5 km)

Das liegt vor uns

Auf guten 19 Kilometern wandern wir auf diesem Streckenabschnitt weiter über ebenes Land ohne Steigungen. Wer mit Kindern unterwegs ist, kann auf dem ersten Streckenabschnitt dem Abenteuerspielplatz bei Acholshausen einen Besuch abstatten. Manche Streckenabschnitte sind bei schönem Wetter sehr sonnig – ein guter Sonnenschutz sollte im Wandergepäck nicht fehlen.
Der ursprüngliche Jakobsweg führte direkt nach Hemmersheim, wo das Übernachten für Pilger aber schwierig ist, sodass sich das Städtchen Aub als Zielort für diese Strecke etabliert hat; mittlerweile ist dieser einstige »Umweg« eine ebenfalls markierte Wegvariante geworden.

Hier geht's lang

Von der **Alten Mainbrücke** in **Ochsenfurt**, über die wir die Stadt betreten haben, führt unser Weg geradeaus, dann nach rechts durch das Klingentor aus dem Ort hinaus. Wir gehen durch die Tückelhäuser Straße bis zu einer Unterführung auf der linken Seite. Unter dem linken Brückenbogen hindurch gelangen wir zur Trasse der ehemaligen Gaubahn hinauf, wenden uns dort nach rechts und folgen der (jetzt als Fuß- und Radwanderweg genutzten) früheren Bahntrasse durch eine waldige Gegend. Wo der Gaubahnweg auf die Straße nach Hohestadt stößt, geht es rechts hinunter. Wir überqueren die Straße und steigen dann eine Treppe hinauf, die uns nach **Tückelhausen** bringt. Links von uns können wir das ehemalige Kartäuserkloster sehen, in dem heute ein Museum untergebracht ist.

Im Ort geht es wieder hinunter zum Wanderweg. Wir kehren zum Gaubahnweg zurück und laufen durch das idyllische Thierbachtal durch **Acholshausen** hindurch, dabei kommen wir direkt an einem schönen Abenteuerspielplatz vorbei – und weiter nach **Gaukönigshofen** mit seiner Schutzengelkirche und einem Bildstock des heiligen Jakobus auf dem Weg.

Auch hinter Gaukönigshofen geht es auf der ehemaligen Bahntrasse weiter, bis nach **Rittershausen**, wo wir uns nach zehn Kilometern auf dem Gaubahnweg am Ortseingang nach links wenden und durch die Otto-Menth-Straße zur Kirche gelangen. Dort biegen wir rechts ab und verlassen den Ort auf der Straße nach Bolzhausen, dessen Kirchturm wir schon schräg rechts vor uns sehen. Etwa 800 Meter hinter dem Dorfausgang geht es an einem einzelnen Baum rechts in einen Feldweg und gleich darauf links weiter, bis wir **Bolzhausen** erreichen. Dort halten wir uns zunächst links, gehen dann nach links über eine kleine Brücke und gelangen so zur ehemaligen Wallfahrtskirche. Die Kirche im Rücken überqueren wir die Straße vor uns und stoßen (uns etwas rechts haltend) gerade auf den Friedhof, den wir rechts liegen lassen.

Wir treffen auf den Thierbach, wo wir rechts auf den befestigten Feldweg abbiegen. Auf diesem Pfad geht es nun durch die Felder, bis wir uns an einer Weggabelung mit Bank und Bildstock

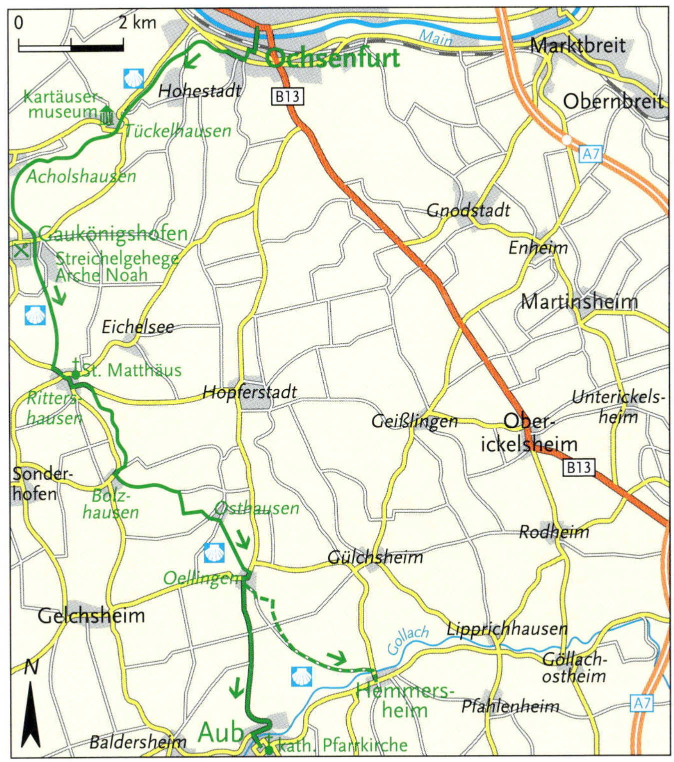

nach rechts wenden, hin zu einem betonierten Weg. Vor den ersten Häusern von **Osthausen** halten wir uns rechts und biegen dann nach einem kleinen Weiher links zur Kirche ab. Sobald wir diese passiert haben, biegen wir rechts und dann bei der nächsten Gelegenheit links ab. Entlang den Stromleitungen wandern wir auf einem befestigten Weg die anderthalb Kilometer nach **Oellingen**. Dort gehen wir rechts auf der Hauptstraße auf die Kirche zu.

Wir folgen dem Weg wieder aus dem Ort hinaus, kommen an einem Bildstock vorbei, und kurz vor einer kleinen Senke nehmen wir rechts den Feldweg nach **Aub**. Diese einstige Wegvariante ist mittlerweile auch mit der Jakobsmuschel markiert, sodass wir keine Schwierigkeiten haben, unser Ziel zu erreichen. In Aub folgen wir der Muschelmarkierung zur katholischen Pfarrkirche.

Das gibt's zu sehen

Den ersten Teil der Strecke müssen wir uns bei schönem Wetter mit so manchem Radfahrer teilen. Kurz vor der Jahrtausendwende wurde die **Ochsenfurter Gaubahn**, die einst von Ochsenfurt am Main nach Bieberehren an der Tauber führte, stillgelegt. Heute

Ein Blick in die moderne Ausstellung des Kartäusermuseums

Das schöne Renaissance-Rathaus von Gaukönigshofen

ist die gesamte Strecke asphaltiert und deshalb – ebenso wie wegen der geringen Steigungen – bei Radlern sehr beliebt, zumal sie zwei wichtige Radstrecken (den »Mainradweg« und den Radweg »Liebliches Taubertal«) miteinander verbindet. Aber dafür müssen wir uns auf diesem bequemen Wegstück keine Gedanken über Autofahrer machen. Nur die originalen Bahnzeichen am Wegrand und die Hinweistafeln erinnern heute noch an die Geschichte und die Hintergründe der Gaubahn.

Anfangs führt der Weg übrigens unweit der Landstraße durch eine waldige Gegend, die vor allem im Sommer angenehmen Schatten bietet und im Frühjahr in einem beeindruckenden Teppich aus Maiglöckchen erstrahlt.

»Das Kreuz steht fest, während die Welt sich dreht«, lautet der Wahlspruch der Kartäuser, eines im 11. Jahrhundert entstandenen Ordens, dessen Mitglieder im Schweigen und in der Einsamkeit Gott zu finden suchen. Zur Zeit der Säkularisation wurden alle Kartäuserklöster in Deutschland aufgehoben, und auch der größte Teil des ehemaligen **Kartäuserklosters** in **Tückelhausen**, dem ersten Dorf auf unserer Strecke, geriet so in private Hand. Heute befindet sich dort das **Kartäusermuseum**, das

Aufschluss gibt über die Geschichte und das Leben der Mönche. Man kann einen Blick in die Klosterwerkstatt werfen oder in den rekonstruierten Zellen sehen, wie die Mönche einst ihr Eremitendasein inmitten der klösterlichen Gemeinschaft lebten. In der fast vollständig erhaltenen Anlage begegnet uns immer wieder der Ordensgründer, der heilige Bruno, mit seinem Attribut, dem Totenschädel – einem Symbol für die völlige Abkehr der Kartäuser von der Welt. Zwischengeschoss und Bibliothekssaal des Museums beherbergen dagegen Arbeiten des 20. Jahrhunderts: Gemälde, Plastiken und Glasfensterkunst von über 20 Künstlern, die sich von ihrem zeitspezifischen Hintergrund aus mit religiösen Themen auseinandergesetzt haben.

Auf eine tausendjährige Geschichte kann auch das kleine Dorf **Acholshausen** mit seinen gut 400 Einwohnern zurückblicken. Im Jahr 1970 wurde der winzige Ort über die Grenzen Deutschlands hinweg bekannt, als in einem Steinkammergrab ein **Kultwagen** aus der Bronzezeit gefunden wurde. Der zierte eine Zeit lang sogar eine 30-Pfennig-Briefmarke der Deutschen Post, was dem Ort allerdings in einer Hinsicht auch nicht weiterhalf: Das Fundstück ist nicht in Acholshausen zu sehen, sondern bildet eines der wertvollen Exponate des Mainfränkischen Museums in Würzburg. Dasselbe gilt für die **Acholshäuser Madonna**, eine berühmte Marienstatue von Tilman Riemenschneider. Zum Greifen nah ist hingegen der Acholshausener **Abenteuerspielplatz**, der direkt neben dem Wanderpfad liegt und mit seinem breiten Spielangebot für Kinder allemal einen Aufenthalt wert ist.

Junge Mitwanderer kommen auf dieser Strecke gleich noch einmal auf ihre Kosten: Am Ortsrand von **Gaukönigshofen** gibt es seit dem Jahr 1996 ein **Arche Noah Streichelgehege**. Auf rund 4,5 Hektar Land leben etwa 100 Tiere, darunter Esel, Ponys, Hängebauchschweine, Gänse und Enten. In einer naturnahen Umgebung können Besucher viele der Tiere streicheln und füttern. Wer sich für den weiteren Weg stärken möchte, findet in Gaukönigshofen zum Beispiel auch das *Hotel-Café Zehnter* oder eine Pizzeria. Bei schönem Wetter mögen die Wandersleute indes vielleicht beschließen, ihre Brotzeit am idyllischen **Thierbach** auszupacken, wo es einen kleinen See mit Grillplatz gibt.

Am nordwestlichen Ortsrand liegt auf einer kleinen Anhöhe die weithin sichtbare **Schutzengelkirche**, die einen Höhepunkt barocker Baukunst in Unterfranken darstellt – kein Wunder

Die katholische Matthäuskirche im Ortsteil Rittershausen zählt zu den Meisterwerken des Klassizismus in Süddeutschland.

vielleicht, stammen doch die Pläne für den Rohbau von keinem Geringeren als Balthasar Neumann; erstellt wurde das Bauwerk im Übrigen von dem Tiroler Baumeister Matthias Kolb. Ein Schutzengel in Gold grüßt vom Giebel der Kirche herab; über dem Portal findet sich in einer Nische eine Immaculata aus dem Jahr 1770. Und wer in der Kirche aufblickt, der findet ein Gemälde über sich, das den dramatischen, in der Bibel gar nicht erzählten Sturz der Engel in die leuchtenden Farben des Barock kleidet und in einen vergoldeten Stuckrahmen fasst.

Kaum weniger prachtvoll ist die Kirche **St. Matthäus** in **Rittershausen**, von außen eine der »reinsten« Vertreterinnen des Klassizismus in Süddeutschland. Das Kircheninnere ist im Empirestil ausgestattet (den der unbedarfte Betrachter in diesem Fall möglicherweise einfach für eine Spielart des Barock halten mag – genug Gold und Prunk finden sich hier allemal). Durch ein kurioses Versehen mit den römischen Ziffern im Zuge der Renovierung dürfte es sich auch um die einzige bekannte Kirche handeln, deren Kreuzweg mit einer 16. Station aufwarten kann.

Um das Maß der Kirchen an diesem Wandertag voll zu machen, darf schließlich noch die katholische Stadtpfarrkirche **Mariä Himmelfahrt** am Zielort **Aub** nicht fehlen. Dort findet sich eine Kreuzigungsgruppe aus Lindenholz, die aus der Werkstatt Tilmann Riemenschneiders stammt und auf eindrucksvolle Weise Trauer und Ergebenheit ausdrückt. Das Zentrum des Städtchens bildet der **Marktplatz** mit seiner Mariensäule vor dem über 500 Jahre alten Rathaus. Von den 15 **Wehrtürmen** der ehemaligen Stadtbefestigung sind heute noch einige erhalten, die das Stadtbild prägen. Weniger offensichtlich sind die Spuren des einst blühenden jüdischen Lebens in der Stadt, das in der Zeit des Nationalsozialismus brutal beendet wurde: ein Davidstern im Giebel eines Hauses, die verfallene Synagoge, Stolpersteine zur Erinnerung an die Opfer des Novemberpogroms.

Als im 14. Jahrhundert die Pest wütete, entstand in Aub als fromme Stiftung ein Spital, in dem die Pfründner in einer Wohngemeinschaft zusammenlebten, die religiöse Lebensweise, Arbeitsbetrieb, Altersheim und Hospital miteinander vereinte. Im **Spitalmuseum** wird die Geschichte der Stiftung ebenso beleuchtet wie der Alltag der Menschen; es gibt einen Raum der Stille und einen Kräutergarten, beide laden zum Innehalten ein. Auf der Spitalbühne finden außerdem gelegentlich Open-Air-Kinovorstellungen statt.

Ausgewählte Adressen und Öffnungszeiten

Ochsenfurt (s. auch S. 144f.)

OT Tückelhausen – Ochsenfurt

Kartäusermuseum Tückelhausen, Konventstr. 3, 97199 Ochsenfurt
Tel. 09 31/38 66 56 00, www.museen.bistum-wuerzburg.de
Mai–Okt Sa, So u. Fei 14.00–17.00, Gruppenführungen auch außerhalb dieser Zeiten nach telef. Voranmeldung

Gaukönigshofen

Pizzeria Don Giovanni, Hauptstr. 32, 97253 Gaukönigshofen
Tel. 0 93 37/4 79 98 44, Mo–Sa 17.00–23.00, So 11.00–22.00

Hotel Zehnter, Julius-Echter-Str. 1, 97253 Gaukönigshofen
Tel. 0 93 37/9 71 01, www.hotel-cafe-zehnter.de
Für Jakobuspilger gibt es die Möglichkeit, günstig im renovierten Schutzjudenhaus, Am Königshof 14a, zu übernachten. Infos u. Buchungsmöglichkeiten über Hotel Zehnter

Streichelgehege Arche Noah, Gaukönigshofen (Hinweisschilder im Ort)
Tel. 01 60/91 09 08 33, www.die-arche-noah.de
Tägl. »von Sonnenaufgang bis Sonnenuntergang«
Verkaufsstand mit Kaffee u. Kuchen So ab 14.00

Aub

Stadt Aub, Marktplatz 1, 97239 Aub
Tel. 0 93 35/97 10-0, www.stadt-aub.de

Fränkisches Spitalmuseum Aub, Hauptstr. 33, 97239 Aub
Tel. 09 33 5/18 03, www.spitalmuseum-aub.de
Apr–Okt Fr–So u. Fei 13.00–17.00
(Fortsetzung Aub s. nächste Seite)

Café Aulbach, Harbachstr. 8, 97239 Aub
Tel. 0 93 35/4 07, www.baeckerei-aulbach.franken-regio.de
Di–Fr 6.00–18.00, Sa 6.00–14.00, So 9.00–12.00 u. 13.00–18.00, Mo Ruhetag

Gartenwirtschaft Zum Turm, Etzelstr. 12, 97239 Aub
Tel. 0 93 35/99 68 63, www.gartenwirtschaft-zum-turm.de
Malerisch an einem der Stadttürme gelegene Speisegaststätte mit fränkischer Küche, im Turm stellen regionale Künstler ihre Werke aus

Gasthaus Weißes Roß, Marktplatz 2, 97239 Aub
Tel. 0 93 35/2 87, www.gasthof-weisses-ross.de
Di–So 11.30-13.30 u. 17.00–20.00, Mo Ruhetag, Zimmerpreise auf Anfrage

Traditionelles Gasthaus, das regionale Zutaten u. Fleisch aus eigener Schlachtung verwendet

Gasthaus Goldenes Lamm, Marktplatz 6, 97239 Aub
Tel. 0 93 35/4 28 99 99, www.goldenes-lamm.de
Gaststätte: Mo u. Di 11.00–14.00 u. 18.00–23.00, Mi u. Fr 18.00–23.00
Sa u. So 11.00–23.00, Do Ruhetag (z. T. andere Öffnungszeiten für Hausgäste)
Einzelzimmer 38,00 €, Doppelzimmer ab 50,00 €
Im Restaurant können sich Vegetarier auf die selbst hergestellten fleischlosen Maultaschen freuen; Gasthof besteht bereits seit 1493 in Aub.

Private Übernachtungsmöglichkeit für Jakobspilger
bei Pastoralreferent H. Fleckenstein, Tel. 0 93 35/17 78, Anmeldung erforderlich

Rückfahrt zum Ausgangspunkt

Aub–Ochsenfurt:
mit Buslinie 428 im Zwei-Stunden-Rhythmus direkt nach Ochsenfurt

Was wiegt die Welt?

Mein Wanderführer für den spanischen Jakobsweg machte eines sehr deutlich: Zehn Kilo, mehr sollten die Rucksäcke nicht wiegen. Eher weniger.

Anders als mein Bruder bin ich kein Trekking- und Camping-Freak, und deshalb besaß ich vor meinem ersten Jakobswegabenteuer im Jahr 2003 weder eine daunengefüllte Isomatte mit R-Wert 4 (fragen Sie mich nicht – ich habe keine Ahnung, was das bedeutet!), noch hatte ich jemals den Griff einer Zahnbürste abgesägt, um 17 Gramm Tragegewicht zu sparen. Aber zehn Kilo Maximum, das verstand auch ich, und so kam es, dass ich schon vor unserem Abflug nach Spanien zur Tyrannin werden musste.

»Was packst du da ein?«, fragte ich meine Mutter misstrauisch und leerte den Inhalt ihres Rucksacks auf dem Bett aus. »Du brauchst keine Zahnpasta mitzunehmen, ich hab schon eine, die reicht für uns drei! Du kannst dafür eine Haarbürste einpacken, die können wir dann mitbenutzen.«

»Meine eigene Zahnbürste darf ich aber schon einpacken?«, fragte meine Mutter und versuchte, nicht ironisch zu klingen, weil das bei Tyrannen nicht so gut ankommt. Aber ich war ohnehin schon mit meinen Einwänden gegen die zweite Hose und den zweiten Pullover meiner Schwester beschäftigt. Schließlich gingen wir nicht auf eine Modenschau, sondern auf eine Wanderung, erklärte ich ihr und fragte, ob ihr eigentlich klar sei, dass es Blöcke für ein Wandertagebuch auch im kleineren und leichteren Format A6 gab. Das war in Deutschland, und auch wenn die Untertanen ein wenig grummelten, ich wusste, dass sie es mir danken würden, wenn wir erst auf dem Jakobsweg sein würden und die acht Kilo, auf die unsere Rucksäcke schließlich kamen, täglich mehrere Stunden lang tragen mussten.

In Spanien wurde unser Gepäck nicht leichter, wir aber erst mal schon. »Dieser Supermarkt hat auch zu«, bemerkte ich entnervt. Jedes Mal, wenn wir durch ein Dorf kamen und ein paar Vorräte einkaufen wollten, war gerade Siesta. »Ich habe Hunger«, erklärte meine Schwester. „Da drüben ist ein Restaurant, gehen wir da was essen.« Ich seufzte, meine nicht allzu üppigen Studentenfinanzen im Hinterkopf, aber ich war ebenfalls hungrig und willigte ein.

»Hm«, machte meine Mutter, während sie die laminierte Speisekarte studierte. »Und was davon ist jetzt vegetarisch?«

Meine Schwester zuckte die Schultern und wandte sich an mich: »Du hast doch ein spanisches Wörterbuch eingepackt, oder?«

»Nein, ich hab's wieder raus.« Mein eigener Magen knurrte mich verärgert an, aber ich blieb standhaft: »Es hat über 300 Gramm gewogen; es ging einfach nicht!« Das beantwortete natürlich nicht die Frage, was wir drei Vegetarier jetzt bestellen konnten, und hier im nördlichen Spanien sprach, wie wir bereits hatten feststellen müssen, niemand Deutsch, Englisch oder Altgriechisch. Die Kellnerin erschien an unserem Tisch, und wir sahen uns kurz verzweifelt an. »Tres caffes con leche«, bestellte ich schließlich – es war das Einzige, was ich mit Sicherheit als vegetarisch erkannt hatte, und Milchkaffee geht immer. Meine Mutter warf mir einen resignierten Blick zu und schnallte demonstrativ den Gürtel ihrer Trekkinghose enger.

Zwei Dörfer später fanden wir ein kleines Ladengeschäft, das nicht geschlossen war, und stürzten hinein, so schnell unsere entkräfteten Beine uns trugen.

»Ihr habt mir den schwersten Teil gegeben«, beklagte sich meine Schwester eine Stunde später. »Mein Rucksack ist doppelt so schwer wie vorhin!«

»Ach komm, du hast nur die Äpfel und das Brot«, widersprach meine Mutter. »Wir haben alles gleichmäßig verteilt.« Sie zog die Riemen ihres Rucksacks nach. »Aber es ist schon erstaunlich, wie viel Unterschied so ein bisschen zusätzliches Gewicht macht.« Meine Schwester grummelte auf den nächsten Kilometern ziemlich viel, aber als wir später in der Pilgerherberge nach dem Essen die Zahnpastatube herumgehen ließen, hatte sich ihre Stimmung enorm gebessert. Ein Berg Nudeln mit Pesto wirkt bei manchen Leuten Wunder. Mich hingegen hatte jegliche Begeisterung für unser Abenteuer verlassen. Es war früher Abend, die Herberge überfüllt, das Dorf dagegen menschenleer. Hier gab es einfach nichts zu tun, und zum Schlafengehen war es definitiv zu früh. Wenn ich wenigstens den spanischen Sprachführer dabeigehabt hätte! Dann hätte ich mich damit beschäftigen können, richtige Bestellungen fürs Restaurant zu lernen. Missmutig verlegte ich mich darauf, die anderen Pilger zu beobachten.

»Ich habe dir doch gesagt, du sollst nicht so viel einpacken«, ertönte auf einmal eine verärgerte deutsche Stimme. Es war ein junger Mann, der mit seiner Freundin den Schlafsaal betrat. Auf dem Rücken hatte er einen Rucksack, einen zweiten trug er in der Hand. »Kein Wunder, dass du schlapp machst, wenn du all diesen Kram mit dir herumschleppst!« Er warf den Rucksack auf ein Bett – und seiner Begleiterin einen finsteren Blick zu. »Wir misten den jetzt aus. Morgen trag ich dir nicht noch mal dein Gepäck den Berg hoch, nur weil du nicht ohne zwei verschiedene Gesichtscremes auf eine Wanderung gehen kannst.«

Ich grinste verstohlen und ein bisschen selbstgerecht in mich hinein. Seht ihr?, fragte ich meine Mutter und meine Schwester in Gedanken. Seid froh, dass ich mich schon daheim um unser Gepäck gekümmert habe!

»Was hast du denn da eingepackt?«, rief der junge Mann entnervt aus. »Bist du verrückt? Das muss ja ein halbes Kilo wiegen! Das schmeiße ich jetzt weg!« Das Mädchen protestierte halbherzig, aber ihre Worte gingen in dem Geräusch eines schweren, kompakten Gegenstandes unter, der im Papierkorb landete. Es war ein Geräusch, das mein Herz plötzlich schneller schlagen ließ, und sobald

das Paar den Schlafsaal verlassen hatte, lief ich zum Mülleimer. »Ja!«, jubelte ich leise, fischte das Objekt heraus und drückte es glücklich an meine Brust. Als wir am Nachmittag in einer Herberge in einem winzigen Dorf ankamen, suchte ich mir einen geschützten Platz im Hof, wo meine Mutter und meine Schwester mich nicht sehen konnten, und holte meine Beute aus meinem Rucksack, der heute ein wenig schwerer war als zuvor. Die Seiten raschelten verheißungsvoll, als ich den Roman aufschlug, den das Pärchen am Vortag entsorgt hatte. Schön dumm waren die, dachte ich noch, ehe ich zu lesen begann.

Sigrun Arenz

15 Von Bildstöcken und Kartoffeläckern

Aub–Uffenheim (ca. 17 km)

Das liegt vor uns

Etwa 17 Kilometer wandern wir heute noch immer recht eben durch teils offene und im Sommer sehr sonnige Landschaften. Die Strecke stellt weiterhin keine allzu großen Ansprüche an Wanderer, auch wenn es gelegentlich ein wenig auf und ab geht. Sie sollten sich vor dem Aufbruch mit ausreichend Proviant versorgen, da Einkehrmöglichkeiten in den kleinen Dörfern der Strecke nicht gegeben sind.

Hier geht's lang

Dieser Wegabschnitt führt uns – meist durch offene Kulturlandschaften – von Aub in die geschäftige Kleinstadt Uffenheim. Wir gehen in **Aub** rechts am **Rathaus** vorbei, durch die Harbachstraße und, nachdem wir einen alten Turm und eine Erinnerungstafel am ehemaligen Jüdischen Friedhof passiert haben, geradeaus auf einem schmalen Pfad weiter, der zu einem mit »Landschaftsschutzgebiet« gekennzeichneten Flurweg führt.

Vor **Hemmersheim** trifft unser Weg auf die von Gülchsheim kommende Straße; wir wenden uns nach rechts, passieren die außerhalb liegende lutherische Pfarrkirche St. Kilian aus dem Jahr 1650 und biegen im Dorf links in die Hauptstraße ein, die uns an der St.-Eucharius-Kirche vorbei zum Ortsende bringt. Auf Höhe der Feuerwehr geht es rechts auf eine Landstraße, die uns direkt nach **Pfahlenheim** führt. Am dortigen Ortseingang passieren wir die Infotafel zur Ottilienquelle, die hier entspringt.

Wir gehen geradeaus weiter hinunter, biegen an der Kirchenmauer rechts in die Ringstraße und kommen gleich darauf links über eine kleine Brücke auf dem Mühlenweg hangaufwärts aus dem Dorf hinaus. An einer kleinen Kapelle vorbei geht es auf einem grasigen Pfad geradeaus weiter. Wenn das Dorf **Gollachostheim** mit seinem Kirchturm schon in Sicht ist, halten wir uns an den Feldweg links, um die Straße zu vermeiden. Unser Weg führt kurz steil bergab, wir überqueren einen betonierten

Pfad und gelangen so zur evangelischen Kirche von Gollachostheim, die dem heiligen Nikolaus und dem Pilgerpatron Jakobus geweiht ist.

Dahinter treffen wir auf die Dorfstraße und wenden uns nach rechts (Richtung Uffenheim), biegen aber kurz vor Ortsende (hinter dem Haus Nr. 8) links auf einen kleinen asphaltierten Weg ein. Vor der Scheune geht es rechts auf einen Grasweg, dem wir folgen, bis wir auf die Straße stoßen. Wir überqueren sie (uns ein wenig links haltend) und kommen so auf einen betonierten Rad- und Wanderweg, der parallel zum Gollachtal verläuft und uns nach **Jörgleinsmühle** führt.

Wir überqueren, uns vor dem letzten Haus mit der Jahreszahl 1813 auf dem Türstock nach links wendend, die Gollach und unterqueren kurz darauf rechts die Autobahn. An der Herrenmühle vorbei folgen wir dem Weg eine Zeit lang, aber nun ist Vorsicht geboten: Vor einem einzeln stehenden Baum müssen wir einen

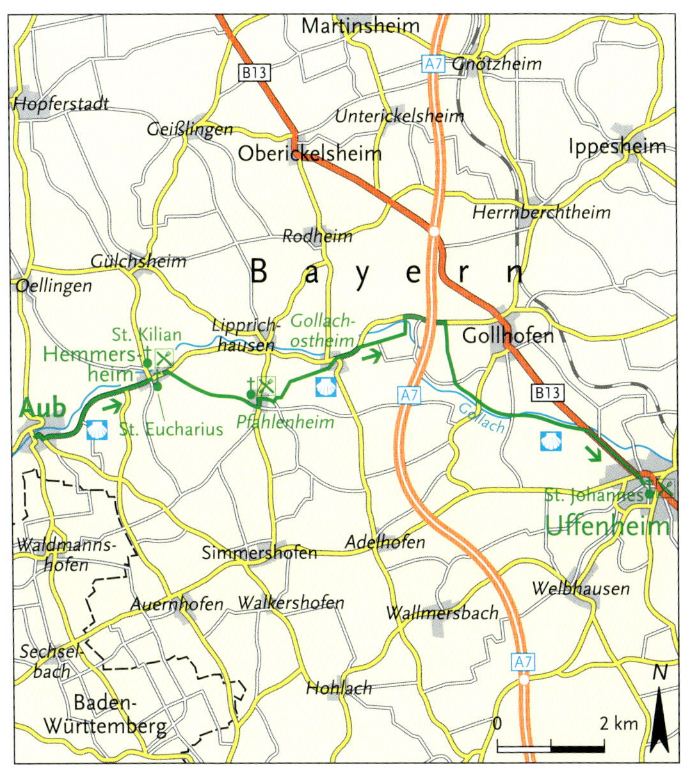

schmalen, grasigen Pfad nach rechts nehmen. Gelbe Jakobsmuscheln und Pfeile auf dem Betonpfad zeigen die richtige Stelle an.

Wir wandern nun durch Wiesen und Felder, links der Gollach, die zunächst noch weiter entfernt von uns ist, der wir aber immer näher kommen. Einmal kreuzen wir eine asphaltierte Straße, und auf der zweiten Brücke, an die wir kommen, überqueren wir das Flüsschen, halten uns sofort links und wandern, das Ufer zur Linken, auf ein Pappelwäldchen zu, das wir auf dem gleichen Weg durchqueren. Hinter dem Wäldchen geht es kurz nach rechts, dann links auf einen befestigten Flurweg, der uns schließlich zur B 13 bringt, deren Verlauf wir weiter auf dem Asphaltweg folgen, bis wir nach **Uffenheim** gelangen. Durch das Würzburger Tor kommen wir direkt in die Altstadt, wo eine Rast und Einkehr hoch willkommen sein werden.

Das gibt's zu sehen

Tja, was gibt es zu sehen? Wer einen Blick auf die Landkarte wirft, wird zunächst einmal sagen: nichts. Außer vielleicht der ein oder anderen Kirche, von denen es keine mit den Prachtbauten der

Der Gotteslamm-Bildstock bei Aub

Das Wasser der Ottilienquelle soll angeblich Augenleiden heilen.

letzten Strecke aufnehmen kann. Es braucht schon einen etwas genaueren Blick, um die Sehenswürdigkeiten auf dem Weg zu bemerken.

Zum einen kommen wir an auffällig vielen **Bild- und Gedenkstöcken** vorbei. Diese religiösen Kleindenkmäler wurden seit dem Mittelalter an alten Straßen und Wegkreuzungen, an Waldrändern oder an Flussufern errichtet. Manche erinnern an Verbrechen, andere wurden zur Sühne, wieder andere zur Markierung gefährlicher Stellen errichtet. Während die Beliebtheit von Steinkreuzen gegen Ende des Mittelalters abnahm, kam es im 17. und 18. Jahrhundert zu einer Blütezeit von Bildstöcken, von denen manche, etwa die im süddeutschen Raum häufigen Mariendarstellungen, nicht nur eine spirituelle, sondern auch eine politische Dimension haben: als Zeichen der Gegenreformation und eines neu erstarkenden Katholizismus. Der **Gotteslamm-Bildstock** aus dem Jahr 1694, den wir noch vor dem Ortsausgang von **Aub** passieren, sieht indes zwar in seiner barocken Üppigkeit recht »katholisch« aus, sein Motiv freilich ist schlicht biblisch: Jesus trägt als Lamm Gottes mit der Kreuzfahne die Sünden des Welt.

In dem kleinen Dorf **Hemmersheim** mit seinen knapp 650 Einwohnern aber finden wir unter anderem einen **Bildstock** mit der Krönung Mariens zur Himmelskönigin und damit eine klare konfessionelle Ansage. Immerhin war Hemmersheim einst zu zwei Dritteln katholisch, zu einem evangelisch. Ob es verwirrende Absicht oder einfach große Liebe zu dem Heiligen war, die verantwortlich dafür ist, dass es in Hemmersheim zwei **Kirchen St. Kilian** gibt, eine evangelische im Norden vor dem Dorf und eine katholische in der Ortsmitte?

Die katholische von 1767 kann nicht auf eine so lange Geschichte zurückblicken wie ihre evangelische Schwesterkirche im ummauerten Friedhof, die im Kern mittelalterlich ist, aber dafür hat sie die schönere Orgel, ein barockes Kunstwerk aus rosigem und weißem Marmor. Der Hochaltar mit Maria und Johannes unter dem Kreuz zeigt die gleichen Farben – ebenso wie viel Goldglanz – und stellt die Kreuzigung gleichzeitig als dramatische Trauerszene und als grandiosen Sieg dar. Die konfessionelle Spaltung des Ortes ging übrigens so weit, dass es bis ins 20. Jahrhundert hinein auch zwei Schulhäuser gab, ein protestantisches und ein katholisches.

Auf der Dorfstraße finden sich eindrucksvolle, teils historisierende **bäuerliche Wohn- und Gasthäuser**, die dem Dorf einen beinahe stadtähnlichen Charakter verleihen. Blicken Sie beim Gang durch die Hauptstraße um sich und auch an den Fassaden hoch, um die Hausfiguren in den Giebeln einiger dieser Bauten nicht zu verpassen.

Im noch einmal erheblich kleineren **Pfahlenheim** gibt es nur eine **Kirche**, und die ist heutzutage evangelisch. Unscheinbar steht dort in einer Nische die kleine Holzfigur der heiligen Ottilie, um die sich diverse Legenden ranken. So sollen die Pfahlenheimer nach dem Dreißigjährigen Krieg das Angebot der Nachbargemeinde abgelehnt haben, die Figur für eine große Summe Geldes zu verkaufen. Pilger können in der Kirche heute einen Stempel mit dem Abbild der Heiligen erhalten. Ottilie soll im 7. Jahrhundert blind geboren sein und bei ihrer Taufe im Alter von zwölf Jahren das Augenlicht erlangt haben.

Die ummauerte **Quelle** mit dem trinkbaren Wasser, die in Pfahlenheim entspringt, ist nach der Heiligen benannt und soll – natürlich – gegen Augenleiden helfen. Wissenschaftlich erwiesen ist das bislang nicht, aber viele Pfahlenheimer schätzen

Durch das Würzburger Tor – mit seinem Zwiebeldach – betreten wir die Altstadt von Uffenheim.

das Wasser der Quelle alleine für seinen guten Geschmack, und Kinder werden in der Kirche mit Wasser aus der Ottilienquelle getauft. Die Bedeutung der Quelle verliert sich im Übrigen in vorchristlicher Zeit; vermutlich handelte es sich einst aber um einen heidnischen Opferbrunnen, der schon lange vor der Verehrung Ottiliens als heilsam galt. Am Ortsausgang zeigt außerdem eine kleine, neue **Kapelle** die Figuren der heiligen Ottilie und die des Jakobus.

Danach allerdings gibt es auf der weiteren Wanderung nicht mehr viel zu sehen außer Feldern und Wiesen, bis wir **Uffenheim** erreichen. Die fränkische Markgrafenstadt, die im Jahr 1349 das Stadtrecht erhielt, hat ihr mittelalterliches Gesicht bewahrt, das vor allem von der ehemaligen **Stadtbefestigung** geprägt ist. Teile der Mauern und Türme sind noch an allen Seiten erhalten, so etwa der Heinrichsturm mit tiefen Verliesen und Bastei, ebenso wie die beiden Stadttore, das Würzburger Tor im Norden, das Ansbacher im Südosten. Im Stadtinneren finden wir die einstige **Wasserburg**, die heute als Finanzamt dient.

Die evangelische Stadtkirche **St. Johannes** befindet sich in beherrschender Lage auf einem Hügel und hat eine wechselhafte Geschichte hinter sich. Im Jahr 1890 etwa brannte sie bis auf die Außenmauern nieder, kurz vor Ende des Zweiten Weltkriegs wurde sie vollständig zerstört. Der heutige Bau wurde 1953 auf den Grundmauern der Vorgängerkirche erstellt, der Innenraum in den 1980er-Jahren komplett neugestaltet. Die Inneneinrichtung zeugt von einer gelungenen Verbindung von Tradition und Moderne: Der schlichte, alttestamentlichen »Bauanweisungen« nachempfundene Altar, der bronzene Taufstein, der die Weltkugel zeigt, und die Kanzel, die das Fischernetz Petri darstellt, bilden ein stimmiges Ensemble in der dem Barock nachempfundenen neuen Kirche.

Das **Gollachgaumuseum** ist in einem Teil der alten Stadtbefestigung untergebracht. Neben einer paläontologischen Sammlung und Militaria aus dem Ersten und Zweiten Weltkrieg kann man dort auch eine fränkische Bauernstube erkunden sowie die Uffenheimer Apotheke ansehen, in Deutschland die älteste ihrer Art mit einer Arzneimittelsammlung von 1786.

Ausgewählte Adressen und Öffnunsgzeiten

Aub s. S. 153f.

Hemmersheim

Ferienhaus Zweikreuzhof, Zweikreuzhof 1, 97258 Hemmersheim
Tel. 0 93 35/9 97 19 80, www.ferienhaus-zweikreuzhof.de
Zimmer für 4–6 Personen, Preise auf Anfrage

Lindenhof Hemmersheim u. Demeterhof Primbs, Dorfstr. 41, 97258 Hemmersheim
Tel. 01 75/7 26 05 62 (Übernachtungen) u. Tel. 0 93 35/3 52 (Hof)
www.lindenhof-hemmersheim.de
In dem biologisch bewirtschafteten Hof gibt es Übernachtungsmöglichkeiten, allerdings nur ab mind. 2 Tagen.

OT Pfahlenheim – Hemmersheim

Gasthaus zum Stern, Fam. Schöller, Pfahlenheim
Tel. 0 98 48/5 83, Öffnungszeiten telefonisch erfragen

OT Gollachostheim – Gollhofen

Ferienhof Eulennest, Kirchplatz 1, 97258 Gollhofen
Tel. 0 98 48/4 18, www.ferienhof-kleinschroth.de, Zimmerpreise auf Anfrage
400 Jahre altes Bauernhaus mit Übernachtungsmöglichkeiten

Uffenheim

Stadtverwaltung Uffenheim, Marktplatz 16, 97215 Uffenheim
Tel. 0 98 42/2 07-0, www.uffenheim.de

Freibad Stadt Uffenheim, Sportplatz 1, 97215 Uffenheim
Tel. 0 98 42/98 58 81, www.uffenheim.de
(Fortsetzung Uffenheim s. nächste Seite)

Landgasthof Lichterhof, Marktplatz 14, 97215 Uffenheim
Tel. 0 98 42/9 83 10, www.lichterhof.com
Mo u. Mi–So 7.00–23.00, Di Ruhetag
Neben fränkischen u. internationalen Speisen sind »Ritteressen« eine Spezialität des Hauses, Info u. Vorbestellungen unter www.ritteressen.de

Café Ritter, Spitalplatz 10, 97215 Uffenheim
Tel. 0 98 42/95 12 88, www.cafe-ritter.de
Mo–Fr 8.00–18.00, So 13.00–18.00
Mitten im Stadtzentrum, Leckeres aus eigener Herstellung u. eine mehrfach ausgezeichnete Pralinenmanufaktur

Schwarzer Adler, Adelhoferstr. 1, 97215 Uffenheim
Tel. 0 98 42/9 88 00, www.gastsein.de
Gaststätte: So–Do 10.00–23.00, Sa 17.00–23.00, Fr Ruhetag
Doppelzimmer pro Nacht 56,00 €, inklusive Frühstück
Typisch fränkische Gerichte, möglichst saisonal u. regional, etwa der Aischgründer Karpfen

Wellnesshotel Obere Mühle, Mühlstr. 33, 97215 Uffenheim
Tel. 0 98 42/2 00, www.obere-muehle-uffenheim.de
Im Gebäude der alten Mühle aus dem 18. Jahrhundert kann man die Zeit vergessen; Do ab 18.00 ist auch die Scheune geöffnet, in der Bier aus der Region ausgeschenkt u. kleine Speisen angeboten werden.

Rückfahrt zum Ausgangspunkt

Uffenheim–Aub:
mit RB bis Ochsenfurt, von dort etwa im Stundenrhythmus mit Buslinie 428 weiter nach Aub

Wie herrlich leuchtet mir die Natur 16

Uffenheim–Steinsfeld (ca. 18,5 km)

Das liegt vor uns

Gute 18 Kilometer beträgt die heutige Wanderstrecke. Wer will, kann die paar weiteren Kilometer nach Rothenburg, die im nächsten Kapitel beschrieben werden, gleich noch mit dranhängen. Zwischen Uffenheim und Steinsfeld gibt es vor allem eins: Landschaft. Was es zum Zeitpunkt des Erscheinens dieses Buches nicht gibt, sind Einkehrmöglichkeiten auf dem Weg. Versorgen Sie sich also in Uffenheim mit dem nötigen Proviant.

Hier geht's lang

Die Zivilisation verlieren wir auf diesem Streckenabschnitt zeitweise ganz aus den Augen. Sie macht einsamen Wald- und Wiesenwegen Platz, die stille, naturverbundene Wanderstunden garantieren. Die Muschelmarkierungen sind auf dem Abschnitt weitgehend nachvollziehbar angebracht, manchmal muss man aber auch im Gras oder an Zäunen danach sehen. Ein wenig Aufmerksamkeit ist also gefragt.

In **Uffenheim** gehen wir durch das **Würzburger Tor** den Marktplatz hinunter, wenden uns nach der Spitalkirche links und sofort wieder rechts in die Judengasse. Sie führt uns über die Ansbacher Straße durchs Ansbacher Tor hindurch und ein wenig bergan. Wir folgen einem Rechtsbogen, biegen bei einer Wandertafel rechts in die Krankenhausstraße ein und folgen ihr bis zu einem Weg, der über die Felder in den Wald führt.

Nach etwa zwei Kilometern im Wald biegen wir nach einem Zaun auf der linken Seite nach links ab. Der Pfad wird zu einem betonierten Weg, der direkt in das winzige Dorf **Custenlohr** hinein und nach rechts zur Jakobuskirche führt. Beim Kriegerdenkmal steigen wir über eine Treppe zur Kirche hinauf, überqueren den Friedhof und gehen dann rechts am Dorfrand entlang.

Wir treffen auf eine Straße, die wir überqueren (uns dabei etwas links haltend) und biegen gleich darauf rechts auf einen befestigten Feldweg ab. Bald darauf geht es an einer Stromleitung links auf einem Grasweg weiter, wenig später wieder ein wenig rechts. Wir passieren den links liegenden **Horbsee** und folgen dem Pfad am Waldrand entlang. Wenn wir die Straße erreicht haben, biegen wir scharf rechts ab. Nach einer Wiese mit Obstbäumen geht es wieder links auf einen Grasweg, der am Waldrand entlangführt, eine Art S-Kurve (links, rechts) vollführt und dann gerade auf einen befestigten Weg am Waldrand stößt. Am Ende des Weges, nach einem Jägerstand und einer Böschung auf der rechten Seite, biegen wir nach rechts ab, auch wenn der befestigte Weg links weitergeht. Wir machen einen Linksbogen am Waldrand entlang, wenden uns auf dem bald erreichten betonierten Pfad nach links, halten auf einen Antennenmast zu und laufen kurz vor dem Ende des Waldes rechts unter die Bäume. Bei der nächsten Abzweigung wenden wir uns nach links und kommen schon wieder aus dem Wald heraus, der links noch

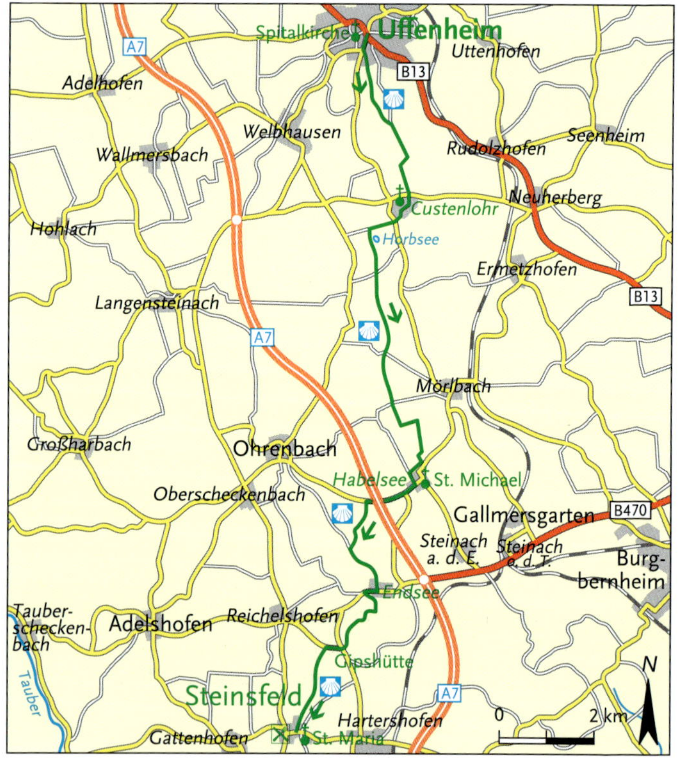

Ein Blick in den Innenraum der Jakobuskirche in Custenlohr

weitergeht und die Erdwälle der einstigen Rothenburger Landhege verbirgt. Die zwei Wälle mit einem Wassergraben können wir von unserem Weg aus erkennen. Am Ende des Gehölzes biegen wir rechts in einen Feldweg ein, der bald darauf auf einen rechts bereits sichtbaren befestigten Weg stößt. Dort wenden wir uns nach links und folgen dem Weg direkt bis nach **Habelsee**, einem weiteren verschlafenen Ort mit Fachwerkhäusern.

In Habelsee biegen wir an der Hauptstraße nach rechts ab, hinter dem Dorf folgen wir dem Wegweiser nach links Richtung Endsee. Die Straße führt unter der Autobahnbrücke hindurch, und einen halben Kilometer weiter geht es rechts auf einen Feldweg, der schließlich nach **Endsee** führt.

In Endsee wenden wir uns auf der Hauptstraße nach links und steigen dann in mehreren Kehren steil hinauf in den Wald. Der Weg gabelt sich; wir wählen den rechten Pfad. An einer Kreuzung von drei Wegen biegen wir nach links ab – aber Achtung: Den unbefestigten Pfad ganz links lassen wir links liegen. Etwa 150 Meter später geht es rechts auf einen kaum mehr erkennbaren Pfad ab. Auf diesen letzten paar Hundert Metern kann von einem Weg eigentlich nicht mehr die Rede sein; wir

Kurz vor der Spitalkirche mit dem neuromanischen Glockenturm beginnen wir unsere Etappe von Uffenheim nach Steinsfeld.

folgen einfach den Muschelmarkierungen, die hier in Sichtweite voneinander an den Baumstämmen angebracht sind und uns zuverlässig leiten.

Haben wir den Wald hinter uns gelassen, kommen wir über eine Wiese zur Landstraße und halten uns links. Wir passieren den kleinen Weiler **Gipshütte** und biegen kurz darauf nach rechts auf die von Reichelshofen herführende Straße ein. Nach einigen Hundert Metern verlassen wir diese wieder, um links auf einem sehr schönen befestigten Weg durch die Felder direkt nach **Steinsfeld** zu gelangen, wo uns der Weg bis vor die Kirche führt.

Das gibt's zu sehen

Also diesmal, ist man versucht zu sagen, diesmal gibt es aber wirklich nichts zu sehen. Custenlohr, Ebelsfeld, Gipsmühle – kleiner und unbedeutender geht es gar nicht in einem dicht besiedelten Land wie dem unseren. Was es gibt, ist Natur im Überfluss. Das Grün beginnt gleich hinter **Uffenheim** in dem schönen Mischwald. Eine Zeit lang begleiten uns die Tafeln eines **Naturlehrpfads** mit Informationen über Fauna und Flora des Waldes. Will man »etwas sehen«, muss man auch hier wieder genauer hinschauen – und nicht alles erschließt sich bekanntlich dem bloßen Auge.

Custenlohr, der erste der winzigen Orte, die auf diesem Streckenabschnitt liegen, wird in schriftlichen Quellen erstmals zu Beginn des 14. Jahrhunderts erwähnt, archäologische Zeugnisse – Tierknochen und Tonscherben – lassen aber auf die älteste uns bisher bekannte Siedlung im Mittelfränkischen schließen und sind auf das Jahr 5 500 v. Chr. datiert.

Die **Kirche** in Custerlohr ist wieder einmal dem Patron der Pilger, Jakobus, gewidmet. Jenseits davon liegen Kriegerdenkmal und Friedhof, und bei schönem Wetter bietet sich auf dem weiteren Weg die Gelegenheit für ein Picknick: am Ufer des **Horbsees** zum Beispiel oder später, am Waldrand neben den Überresten der **Rothenburger Landhege.** Bis zu 20 Meter breit und insgesamt 60 Kilometer lang war die Sicherungslinie aus Erdwällen, Wassergräben und Hecken, mit der Rothenburg zwischen 1420 und 1480 sein Hoheitsgebiet, die sogenannte Landwehr, umgab, um das Reichsstädtische Territorium zu schützen. Undurchdringliche

Hecken stellten ein weiteres Hindernis dar – Dornröschens Dornenhecke lässt grüßen. Leider führt unser Weg nicht an einem der einstigen neun Landtürme vorbei, in denen die »Hegereiter« wohnten. Sie organisierten im Notfall die Verteidigung und erhoben ansonsten Zoll von den Durchreisenden. Aber wenn uns auch die Türme entgehen, können wir doch halb vom Wald verborgen die Überreste dieser imposanten Verteidigungsanlage und, auf der anderen Seite, einen alten Grenzstein mit dem verwitterten Wappen der Reichsstadt Rothenburg entdecken.

Im nächsten Ort auf unserer Strecke, **Habelsee**, gibt es einige schöne Fachwerkhäuser, ein weiteres mittelalterliches Steinkreuz (wohl ein Sühnekreuz), die evangelische Pfarrkirche St. Michael und einen kleinen, oktogonalen Gartenpavillon im Heggrund zu sehen. Habelsee gehört mit fünf weiteren Ortsteilen zu der Gemeinde Ohrenbach, der kleinsten Gemeinde Bayerns. Ein wenig abseits von unserer Strecke liegt das **Schloss Habelsee**, ein geweißtes Bauwerk, das mit seinem rotem Dach, Fachwerkelementen und Türmen wie eine Kreuzung aus fränkischem Stadthaus, Burg und Theaterkulisse wirkt. Das Schloss, dessen Geschichte bis ins Jahr 1000 zurückreicht, ist heute im Privatbesitz des Künstlerehepaars Reinhold und Gisela Wiedemann. Die

St. Jakob in Custenlohr von außen

beiden veranstalten Matineen in den Räumen des Schlosses, das auch immer wieder besondere Kunstwerke beherbergt: nämlich Werke aus der Hand von Schülern, die beim »Kunstwettbewerb Schloss Habelsee« gewinnen. Bei dieser seit drei Jahrzehnten etablierten Ausschreibung geht es auch darum, junge Menschen zum Nachdenken über Kunst und Denkmalpflege zu bewegen.

Zwischen Habelsee und Endsee geht es teilweise über die Landstraße. Wegen des uns lange folgenden Autobahnlärms kann es dieser Weg, was Stille und Naturgenuss betrifft, nicht mit der übrigen Strecke aufnehmen.

Anders der letzte Abschnitt nach **Steinsfeld**, der uns erst wieder durch einen weiteren schönen Mischwald bringt und zuletzt mit herrlichen Ausblicken über das Land zum Etappenziel führt. Kurz vor dem Ort kommen wir auf dem bequemen Betonweg an einer Sitzgruppe vorbei, die nochmals zu einer beschaulichen Rast einlädt. Das **Gasthaus Zum schwarzen Ross** – beheimatet in einem 200 Jahre alten Fachwerkhaus – vereint Bauernhof, Kulturscheune und ländliches Ambiente aufs Beste, und mit etwas Glück findet in der zum Haus gehörigen Zehntscheune gerade ein Konzert oder Theaterstück statt. Ansonsten muss es eben die rustikale Gaststube mit der Balkendecke sein, in der sich ein Frankenwein oder diverse regionale Biersorten genießen lassen. Sollten Sie übrigens vorhaben, statt zu Fuß oder auf dem Rad hoch zu Ross nach Rothenburg zu ziehen, sei Ihnen das *Schwarze Ross* auch als Wanderreitstation empfohlen.

Ausgewählte Adressen und Öffnungszeiten

Uffenheim s. S. 165f.

OT Habelsee – Ohrenbach

Schloss Habelsee, Habelsee 1, 91620 Ohrenbach
Tel. 0 98 43/14 36, www.schloss-habelsee.de

Steinsfeld

Gemeinde Steinsfeld, Schulstr. 9, 91628 Steinsfeld
Tel. 0 98 61/35 61, www.steinsfeld.de

Gasthof Schwarzes Ross, Am Dorfplatz 1, 91628 Steinsfeld
Tel. 0 98 61/94 91-0, www.zehntscheune.info
Gaststätte: Öffnungszeiten telefonisch erfragen

Doppelzimmer ab 69,00 €, inklusive Frühstück

Gasthof zur Neuen Welt, Rothenburger Str. 17, 91628 Steinsfeld
Tel. 0 98 61/32 24, www.zur-neuen-welt.de
Öffnungszeiten Gaststätte und Zimmerpreise auf Anfrage
Landgaststätte mit eigener Metzgerei

Rückfahrt zum Ausgangspunkt

Steinsfeld–Uffenheim:
von Steinsfeld mit Buslinie 857 oder zu Fuß in den OT Hartershofen (ca. 1,5 km), von dort mit RB nach Steinach u. weiter mit RB nach Uffenheim

Die Granola-Mafia oder: Was wirklich zählt

Das Geheimnis einer gelungenen Wanderung liegt nicht in der Landschaft, die man in hoffentlich gut eingelaufenen Wanderschuhen durchquert. Es liegt nicht darin, dass man alleine wandert oder zu zweit oder in einer größeren Gruppe. Es liegt auch nicht darin, ob man aus religiösen Gründen unterwegs ist, oder weil man die Natur liebt, oder weil man sich sportlich betätigen will. Eine gelungene Wanderung hängt davon ab, ob man Granola dabeihat.

»Was ist Granola?«, fragte mein Freund Will. Wir planten eine mehrtägige Wanderung, und er meinte, wir würden zwischendurch ein bisschen »Powerfood« brauchen, um während eines langen Wandertages bei Kräften zu bleiben.

»Combat Crunch Bar?«, fragte ich hingegen ungläubig, als er mir die Internetseite zeigte, die verschiedene Produkte in Zellophanverpackung auflistete. »Quest Nutrition-Riegel? Low carb high protein power bar? Das ist nicht dein Ernst!« Ich war entschlossen, einen ausreichenden Vorrat an Granola zu backen, und mehr Power braucht ja wohl niemand. An dieser Stelle wäre unsere Wanderung beinahe ins Wasser gefallen, bevor wir auch nur einen Schritt getan hatten, denn Will erinnerte sich plötzlich, irgendwann im Supermarkt Granola-Kekse gesehen zu haben, und war nicht beeindruckt.

Ich verdrehte die Augen. Was man im Supermarkt als »Granola« bekommt, damit kann man allenfalls ein quengelndes Kind für ein paar Minuten ruhigstellen. »Ich spreche von einem Gebäck, das man auf jeder Wanderung dabeihaben muss, das einem sofort Kraft gibt, das gesund und lecker und selbst gemacht und lange haltbar ist und ...«

»Ich glaube, du sprichst von Manna«, unterbrach er meinen Vortrag mit einem amüsierten Grinsen. »Aber du wirst feststellen müssen, dass es das nur in der Bibel gibt. Ich glaube nicht, dass Gott es extra für uns vom Himmel fallen lassen wird.«

»Nein, es ist mehr so wie die Lembas-Waffeln in *Herr der Ringe*«, antwortete ich ernsthaft, während ich eine große Schüssel auf die Küchentheke stellte und anfing, meinen Vorratsschrank nach den nötigen Zutaten zu durchsuchen. »Eine Wegzehrung, die einen auch dann noch auf den Beinen hält, wenn man eigentlich schon am Ende seiner Kräfte ist.«

»Dein magisches Gebäck scheint nicht sehr geeignet zu sein für Leute mit Glutenintoleranz«, bemerkte Will mit einem Blick auf das Glas mit dem Mehl und die Packung Haferflocken, die ich neben der Waage aufgestellt hatte. In diesem Licht betrachtet empfand ich Wills Zöliakie plötzlich beinahe als persönliche

Beleidigung, weil er deswegen nie von meinem Granola probieren und erkennen würde, dass ich recht hatte.
»Pech für dich«, erwiderte ich deshalb sarkastisch. »Denn mit so einem magischen Gebäck schafft man es sogar, den Schicksalsberg in Mordor zu bezwingen.«

Von noch schlimmeren Orten ganz zu schweigen.

»Das ist nicht dein Ernst, oder?« Vor mir lag ein steiler Pfad, in den hölzerne Stufen eingelassen waren und der sich irgendwo sehr weit oben im tiefblauen Aprilhimmel verlor. Der Hang war mit Gras und Stechginster bewachsen, dessen gelbe Blüten die Luft mit ihrem Honigaroma erfüllten. Es war ein idyllischer Anblick, aber alles, woran ich denken konnte, war die Klippe, die vor uns lag – und die Klippe, die hinter uns lag, und die, die wir zuvor hinaufgestiegen waren, und die davor ... »Du hast gesagt, wir wandern auf dem Küstenpfad!«, erklärte ich mit einem Anflug von erschöpfter Hysterie. »Du hast nichts davon gesagt, dass wir ständig bergauf und bergab steigen müssen.«
Will blickte mich mit einer Mischung aus Mitleid und Ungläubigkeit an. »Wir sind in Cornwall. Was hast du denn erwartet? Außerdem habe ich dir vorher die Wanderkarte gezeigt, da sind doch alle Höhenlinien ...«
»Fang jetzt bloß nicht mit Höhenlinien an«, stieß ich durch zusammengebissene Zähne hervor. »Steigen wir endlich diese verdammte Klippe hinauf.«

Und, ja, ich gebe es zu, der Ausblick von oben war überwältigend: Die Sonne warf einen gleißenden Lichtteppich auf das ruhige Meer, während wir, umgeben von dichtem, grünem Gras, auf einem Stein saßen und den Sieg über die Höllentreppe auskosteten. Aber ich konnte schon jetzt die Stelle sehen, wo sich der Pfad wieder hinunter zum Meer senkte, nur um gleich darauf erneut steil bergauf zu führen.

»Okay, pass auf«, schlug Will eine halbe Stunde später vor, als wir wieder einmal auf Seelevel angekommen waren. »Wir nehmen einfach die Abkürzung über den Strand, das erspart uns den nächsten Aufstieg und verkürzt unsere Gesamtstrecke um mindestens zwei Meilen, wie wär's?« Manchmal war Will wirklich rücksichtsvoll und fürsorglich, dachte ich mir – bis ich merkte, dass der Strand von Steinen und Felsbrocken übersät war, die alle gerade so groß waren, dass man über jeden einzeln hinüberklettern musste. »Müssen wir so schnell gehen?«, beklagte ich mich und versuchte, meine müden Beine über den nächsten Stein zu heben.

»Ja«, antwortete Will. »Ich weiß nämlich nicht, ob die Flut geht oder kommt, und ich will nicht, dass wir hier auf dem Strand vom Wasser überrascht werden.«

Der Todesblick, den ich gerne an schwätzenden Schülern übe, funktionierte in der gleißenden Sonne nicht, deshalb gab ich bissig zurück: »Das steht wohl nicht auf deiner geliebten Wanderkarte? Typisch Mann! Da wäre ich doch lieber auf dem Küstenpfad geblieben!«

Unter anderen Umständen hätte ich vielleicht die Geduld bewundert, mit der Will erwiderte: »Komm, es ist ja nicht mehr sehr weit bis zum Ende der Bucht, da machen wir dann eine richtige Pause, bevor wir die letzten paar Meilen in Angriff nehmen.«

Aber wie die Dinge lagen, versuchte ich nur ein weiteres Mal vergeblich den Todesblick, ehe ich mit grimmiger Entschlossenheit den nächsten Felsblock bezwang, und den nächsten, und den nächsten.

Am anderen Ende der Bucht – die Flut ließ noch immer auf sich warten – setzten wir uns rot und außer Atem auf eine niedrige Steinmauer. Will kramte seine Tupperdose mit Früchten und einen Proteinriegel aus seinem Rucksack. Er bot mir von dem Obst an, aber ich war zu erhitzt und verärgert, um zuzugreifen.

»Verdammte Abkürzung«, murmelte ich, während ich meine Wasserflasche und den Beutel mit dem Granola hervorholte.

»Ah, das magische Gebäck«, grinste Will und verschluckte sich an einer Pflaume. »Meinst du, wenn ich den Kern mitesse, wächst ein Baum aus mir heraus?«, fragte er gutgelaunt.

Ich antwortete nicht. Erst die Steigungen, dann der Höllenstrand und jetzt machte er noch Witze über mein Granola. Kein Wunder, dass er sich verschluckt hatte!

Ein paar Minuten lang saßen wir schweigend da und kauten, Will seinen Apfel und seinen Powerriegel, ich ein großes Stück Granola. Die Sonne stand bereits tief, und eine Möwe zog über uns durch den tiefblauen Himmel. Das Plätschern der kleinen Wellen auf den Steinen am Strand schien die Stille eher noch zu verstärken. Und während ich auf dem Steinmäuerchen saß und aß, erschien plötzlich alles sehr friedlich und schön. »Cornwall ist toll«, sprach ich aus, wie es mir durch den Sinn ging. »Ich bin so froh, dass wir hier zusammen wandern.« Und dann wurde mir klar, dass wir lange genug gerastet hatten. Ich packte Beutel und Flasche wieder ein, schnürte den Rucksack zu und wandte mich an Will, der ein wenig erstaunt dreinsah. »Na los, komm«, forderte ich ihn gutgelaunt auf. »Gehen wir weiter. Die paar Meilen sind ja kein Ding mehr.«

Als wir die Straße erreicht hatten, stellten wir fest, dass es wieder einmal bergauf ging, aber das schreckte mich jetzt nicht mehr.

»Du, sag mal«, meinte Will, während wir in gutem Tempo den Hügel hinaufstiegen. »Kannst du mir das Rezept für dieses Granola mal geben?«

Ich strahlte ihn an. »Ja, natürlich! Ich habe dir doch gesagt, dass es super ist. Damit kommt man wirklich überall hin. Willst du es für deine Schwester?«

Er grinste. »Nein, für mich.«

»Ich dachte, du kannst keinen Weizen essen«, wandte ich ein, aber ohne allzu große Verwunderung. Schließlich redeten wir von Granola. Da war alles möglich – sogar der Sieg über die Glutenunverträglichkeit.

Will nickte. »Das stimmt, aber wenn du mir sagst, wie man es macht, dann habe ich ein Rezept gegen schlechte Laune bei einer Frau gefunden. »Und das«, fügte er grinsend hinzu, »nenne ich dann wirklich ein magisches Gebäck.«

Sigrun Arenz

Naturidylle und Mittelalterromantik 17

Steinsfeld–Rothenburg ob der Tauber (ca. 8 km)

Das liegt vor uns

Natürlich lassen sich diese letzten acht Kilometer bis nach Rothenburg auch in eine längere Etappe integrieren, aber so bleibt am Ende des Wegs Zeit für die Sehenswürdigkeiten der Stadt. Wir wandern auf gut markierten, einsamen, teils unbefestigten Pfaden durch ein landschaftlich reizvolles Gebiet. Es gibt eine steile, aber gut zu bewältigende Steigung.

Hier geht's lang

Der letzte Wegabschnitt vor Rothenburg liegt vor uns, und trotz der Kürze der Strecke gibt es allerhand zu sehen. Besonders die Landschaft auf diesem Wegabschnitt ist noch einmal beeindruckend in ihrer Unberührtheit und Schönheit.

Hinter der **Kirche** von **Steinsfeld** biegen wir an der Hauptstraße links ab und wandern die Straße hinunter. Nach einer kleinen Brücke geht es nach rechts auf eine Straße, der wir aus dem Dorf hinaus folgen (einen links und einen rechts abzweigenden Weg ignorierend). Sie führt in einem weiten Linksbogen erst auf eine Anhöhe, von der aus wir erstmals einen Blick auf unser Ziel Rothenburg in der Ferne werfen können. Der Doppelspur des Betonwegs folgen wir nun weiter ins Tal hinunter und über einen Graben. Nun geht es kurz nach rechts, dann wieder nach links auf einen Feldweg und weiter bis zu einer Straße, auf der wir uns nach rechts wenden, um nach etwa 200 Metern wieder links abzubiegen.

Jetzt führt der »Weg« durch das Gras des **Naturschutzgebietes Lindleinsee**, wo wir uns an einem Schilfgürtel rechts halten und auf einem wild überwucherten Pfad, den See zur Linken, weitergehen. Wo geradeaus ein Schild »Privatweg« steht, führt unser Weg rechts an einem Baumgürtel und dahinter wieder links weiter, bis wir auf die Straße nach Rothenburg stoßen und gegenüber das alte Chausseehaus sehen, in dem sich heute eine Töpferei befindet. Hier überqueren wir die Straße, wenden uns nach links und biegen gleich darauf nach rechts auf einen Wanderweg ein, der an einem Nebenflüsschen des romantischen Steinbachs entlang durch den Wald führt. Wir laufen etwa eineinhalb Kilometer, bis wir zu einer Brücke gelangen.

Wegvariante:
An dieser Stelle ist es auch möglich, einen nicht ganz unbedeutenden Umweg von etwa fünf Kilometern zu machen – angesichts der Kürze der heutigen Strecke liegt das aber durchaus im Rahmen des Möglichen. In diesem Fall gehen wir an der Brücke geradeaus und folgen dem Steinbachtal weiter, bis wir auf die Straße nach Detwang stoßen und ihr nach links in den Ort folgen. In **Detwang** *steht die romanische Kirche* **St. Peter und Paul***, deren größte Besonderheit ein Kreuzigungsretabel ist, das Tilman Riemenschneider (oder zumindest seiner Werkstatt) zugeschrieben wird. Von Detwang aus gelangt man dann, von Westen kommend, nach Rothenburg.*

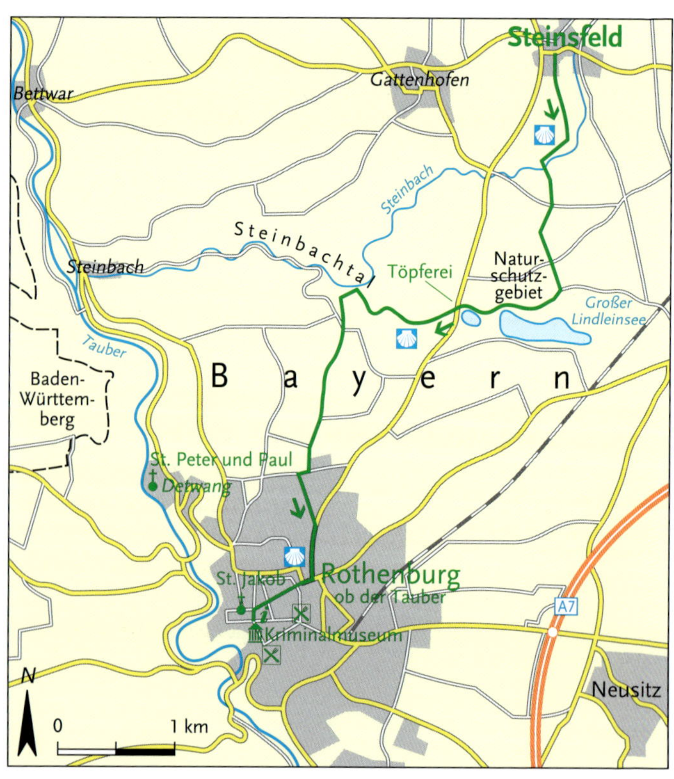

St. Peter und Paul in Detwang – einen etwas größeren Abstecher wert?

Der markierte Jakobsweg hingegen zweigt an der Brücke nach links ab. Wir steigen, nunmehr den Bachlauf verlassend, steil hinauf und stoßen, bald nachdem wir den Wald verlassen haben, auf eine Infotafel zum Jakobsweg. An einem Brunnen geht es wenig später rechts auf einer asphaltierten Straße weiter, die direkt nach **Rothenburg** führt. Nach einem Schießstand biegen wir rechts in die Paul-Finkler- und kurz darauf links in die Ernst-Geißendörfer-Straße ein, die an der Ampel in die Würzburger Straße übergeht und zum Würzburger Tor auf der rechten Seite führt.

Durch die Galgengasse gelangen wir endlich in die berühmte Altstadt von Rothenburg. Obwohl man sich in der Kleinstadt kaum verlaufen kann, biegen wir, durch die Galgengasse und die Georgengasse gehend, am besten zuerst links in die Schmiedsgasse zum **Marktplatz** ab, wo auf der rechten Seite die Tourist-Information im Gebäude der alten Ratstrinkstube untergebracht ist, um uns mit Informationen und Stadtplänen zu versehen. Andernfalls gelangen wir durch die Georgengasse direkt auf den Kirchplatz und zur evangelischen St.-Jakob-Kirche.

Am Ziel: die pittoreske Rothenburger Altstadt mit der Jakobskirche ...

Das gibt's zu sehen

Auf diesem letzten Abschnitt zwischen Steinsfeld und Rothenburg erstaunen die landschaftliche Schönheit und Unberührtheit des Weges, der an Idylle, Romantik und abwechslungsreicher Szenerie die vorherigen Strecken sogar noch übertrifft. Bis direkt an die Stadtgrenze bewegen wir uns zunächst durch die weite, geordnete Kulturlandschaft bestellter Felder hinter Steinsfeld, dann durch die Abgeschiedenheit und Stille des Naturschutzgebietes um den Lindleinsee, nehmen, begleitet vom Plätschern des Baches, unter dem Blätterdach unseren Weg durch das herrliche Steinbachtal, und genießen zuletzt, ehe wir auf den geschäftigen Straßen Rothenburgs ankommen, noch einen schönen Ausblick auf Felder und Wiesen.

Das **Naturschutzgebiet Lindleinsee** besteht aus dem Großen und dem Kleinen Lindleinsee. Baden darf man dort nicht; die Seen mit ihrem dichten Schilfgürtel dienen vor allem als Schutzstätte für die heimische Vogelwelt, die man auf einem See-Rundweg gut beobachten kann.

Zwischen Naturschutzgebiet und Steinbachtal liegt an der Landstraße nach Rothenburg die **Töpferei im Chausseehaus**. Im ehemaligen Zollhaus mit der antiken grünen Tür gibt es handgefertigte Keramik für draußen und drinnen. Ob Brottopf, Müslischale oder dekorative Stele für den Garten: Hier finden Sie eine große Auswahl; auch ein Blick »hinter die Kulissen«, in den Werkraum, ist möglich. Wanderer auf dem Jakobsweg werden sich vielleicht für den Pilgerbecher mit Muschelmotiv interessieren.

Auf unserem Weg hierher sind wir lange auf unversiegelten Pfaden durch die Natur gewandert und haben verschlafene Dörfer durchquert; da kann uns Pilgern sogar eine Kleinstadt wie **Rothenburg** mit 11 000 Einwohnern auf den ersten Blick unerwartet groß und vor allem unglaublich geschäftig erscheinen. Doch mit dem »normalen Alltag« hat der historische Stadtkern mit seinen gepflasterten Straßen, Türmchen, Toren und Fachwerkhäusern ohnehin wenig gemeinsam: Im *Käthe-Wohlfahrts-Weihnachtsdorf* herrscht das ganze Jahr über Weihnachten, und stilecht findet die Stadtrundfahrt im (für Autos ohnehin gesperrten) Zentrum per Pferdekutsche statt. Der weitgehend erhaltene mittelalterliche Stadtkern ist von einer begehbaren Stadtbefestigung umgeben; Traditionen wie der »Meistertrunk«, der an die Belagerung Rothenburgs während des Dreißigjährigen Kriegs

... und dem Rathaus am Marktplatz

erinnert, sind noch heute lebendig und verleihen der Stadt ein Flair der Zeitlosigkeit.

Dabei hat auch Rothenburg seit seiner Gründung um das Jahr 970 herum eine bewegte Geschichte hinter sich. Fast die Hälfte der Bausubstanz Rothenburgs wurde kurz vor dem Ende des Zweiten Weltkriegs durch Bombenangriffe zerstört und später – teilweise mithilfe von amerikanischen Spendern – wiederaufgebaut. Zwölf **Stolpersteine** erinnern seit dem Jahr 2013 an die während der NS-Zeit deportierten und ermordeten Juden der Stadt. Dabei gab es in Rothenburg auch einmal eine Blütezeit jüdischer Kultur, lebte und lehrte doch im 13. Jahrhundert der berühmte Rabbi Meir ben Baruch für mehr als 40 Jahre in der Stadt. Im Jahr 1520 hingegen wurde Juden das Betreten der Stadt gänzlich verboten.

Mit dieser Jahreszahl befinden wir uns auch mitten in der Reformationszeit, von der für die Menschen und die Gesellschaft bedeutende und befreiende Impulse ausgingen – und die, wie es für die menschliche Geschichte leider bezeichnend ist, in vielen Aspekten hinter ihren eigenen Ansprüchen zurückblieb. Zum Reformationsjubiläum 2017 hat unter anderem das **Rothenburger Kriminalmuseum** einem dieser Aspekte eine Sonderausstellung gewidmet: »Luther und die Hexen« informiert über die Vorstellungen, die sich (nicht nur) Luther zu seiner Zeit von Hexen machte. 1000 Jahre Rechtsgeschichte lassen sich im Kriminalmuseum zu jeder Zeit hautnah nachempfinden, doch wem die grafische Darstellung alter Ehrenstrafen und der Anblick mittelalterlicher Folterwerkzeuge zu drastisch sind, der mag sich im **Alt-Rothenburger Handwerkshaus** von 1260 in elf original eingerichteten Räumen mittelalterliches Leben und Handwerk nahebringen lassen.

Zur Stärkung zwischendurch locken die Auslagen sämtlicher Cafés und Bäckereien mit den traditionellen Rothenburger **Schneeballen**, die es in verschiedensten Varianten von Zimt und Schokolade bis hin zu Nougat und Cognac zu kaufen gibt – eine Leckerei, die sich unter Umständen fürs Auge als ansprechender erweist denn für den Gaumen.

Obligatorisch ist natürlich der für Pilger kostenlose Besuch der **Jakobuskirche**. Zur besonderen spirituellen Begleitung wird Pilgern dort die Erteilung des Pilgersegens oder eine kurze Andacht durch Gäste- und Touristenpfarrer Oliver Gussmann angeboten. Von größter kunsthistorischer Bedeutung in diesem zwischen 1311 und 1485 errichteten Gotteshaus ist der Blutaltar von Tilman Riemenschneider auf der Empore, der als »würdiger Rahmen« für eine Heilig-Blut-Reliquie aus der Spätzeit der Kreuzzüge erbaut wurde. Nahezu einzigartig an der zentralen Darstellung des letzten Abendmahles ist neben der Kunstfertigkeit der Figuren auch deren Anordnung mit dem Verräter Judas im Zentrum der Darstellung, den an Jesu Brust ruhenden Lieblingsjünger Johannes verdeckend. Aber auch den Hauptaltar mit den Figuren der Apostel sollten Besucher unbedingt als Ganzes in Ruhe auf sich wirken lassen, dann aber auf jeden Fall auch die Altarrückseite ansehen, die Ausschnitte der Jakobuslegende zeigt.

Sechs **Stadttore** hat Rothenburg zu bieten, jedes mit seinem eigenen Flair. Das Klingentor im Norden hat sogar seine eigene Kirche, die in die Torbastei integriert ist. Es handelt sich um die Schäferkirche **St. Wolfgang**, die von außerhalb der Stadttore zugänglich war, weil Schäfer aus Angst vor ansteckenden Krankheiten die Stadt im Mittelalter oft nicht betreten durften. Auch hier finden wir übrigens an einem Seitenaltar wieder eine Statue unseres St. Jakobus mit Muschelhut und Pilgerstab, der uns die ganze Strecke über viele Male begegnet ist.

Rothenburg ist (so weit dieses Buch geht) der Endpunkt der Wanderung; aber der Jakobsweg selbst führt natürlich durch das Spitaltor weiter in Richtung Süden und Westen, und wer bis hierher gekommen ist, für den wird Rothenburg vielleicht auch nur eine Station auf einem Weg sein, der noch lange nicht endet …

Ausgewählte Adressen und Öffnungszeiten

Steinsfeld s. S. 174

Rothenburg ob der Tauber (s. auch S. 130f.)

Café Lebenslust, Kirchgasse 5, 91541 Rothenburg o. d. T.
Tel. 0 98 61/9 17 94 78, www.lebenslust-rothenburg.de
Mo, Mi u. So 9.30–18.30, Do, Fr u. Sa 9.30–22.00, Di Ruhetag
Ort der Begegnung mit Kunst, Kultur u. Kreativität, selbstgemachte Kuchen u. ein Tagesgericht, Smoothies teilweise mit Zutaten aus dem hauseigenen Kräutergarten

Gasthof Rödertor, Ansbacher Str. 7, 91541 Rothenburg o. d. T.
Tel. 0 98 61/20 22, www.roedertor.com
Gaststätte: Di–Sa 11.30–14.00 u. 17.30–21.30, So 11.30–14.00 u. 17.30–20.30
Mo Ruhetag (außer Fei, dann Di Ruhetag)
Doppelzimmer ab 85,00 € (rustikal, aber luftig eingerichtet), inklusive Frühstück
Hier dreht sich alles um die »tolle Knolle« Kartoffel; das Restaurant ist Mitglied im »Regionalbuffet«, achtet auf saisonale u. regionale Produkte.

Landknechtsstübchen, Galgengasse 21, 91541 Rothenburg o. d. T.
Tel. 0 98 61/33 23, www.pension-freund.de
Gaststätte: Mo u. Mi–So 11.00–14.30 u. 18.00–21.30, Di Ruhetag
Einzelzimmer ab 38,00 €, Doppelzimmer ab 60,00 €
Gemütliche Gaststube hinter der Stadtmauer

Für Pilger mit Pilgerpass gibt es im Tagungshaus Wildbad günstige Zimmer (24 €):
Evangelische Tagungsstätte Wildbad, Taubertalweg 42, 91541 Rothenburg o. d. T.
Tel. 0 98 61/97 70, www.wildbad.de

Ein privates Doppelzimmer (ggf. zusätzlich zwei Matratzen) bietet Camilla Ebert gegen Spende an. Anfragen nur unter Tel. 0 15 75/4 16 36 81

Rückfahrt zum Ausgangspunkt

Rothenburg–Steinsfeld: direkt u. schnell mit Buslinie 857
Rothenburg–Würzburg: stdl. Bahnverbindung mit RB über Steinach

Wandernotizen

Der Berg heißt »Berg der Freude«, Monte de Gozo, weil man von seinem Gipfel aus auf die Stadt Santiago de Compostela blicken kann. Wir sind fast am Ziel! Nach einer Wanderung von zehn Tagen oder zehn Wochen sollte dieser Anblick jeden Pilger mit Glück und Freude erfüllen. Im Jahr 1673 schrieb ein italienischer Geistlicher, er und seine Mitpilger seien unter Freudentränen auf die Knie gefallen, als sie die Stadt vor sich liegen sahen.

Meine Schwester fiel ebenfalls beinahe auf die Knie, als wir auf dem Berg ankamen, aber das lag daran, dass sie Blasen an den Füßen hatte und nicht mehr weitergehen wollte.

»So stelle ich mir die Hölle vor«, erklärte ich meiner Mutter missmutig, als wir im Freien vor einem Café in dem kleinen Ort San Marcos saßen. Wir waren angekommen, hatten uns in der Pilgerherberge einquartiert und beschlossen, erst am nächsten Morgen nach Santiago zu laufen. Nun saßen wir da, umgeben von Hunderten von Pilgern an einem Ort, der viel zu touristisch wirkte und in dem es nichts zu tun gab, außer Kaffee zu trinken und auf den Abend zu warten. Überhaupt waren es auf der Wanderung längst nicht immer die Stationen, die besonders berühmt sind, die uns am meisten beeindruckten. Die besonderen Momente kamen meist dann, wenn man sie am wenigsten erwartete. Ich war gespannt, wie Santiago sein würde, dieses Ziel, auf das wir so lange zugewandert waren.

Santiago de Compostela – das Sternenfeld. Nach dem langen Weg durch kleine Dörfer und stille Natur, nach der Großartigkeit der Berge von Galicien und dem freundlichen »Buen camino«, mit dem Pilger und Einheimische einander unterwegs gegrüßt haben, erscheint die Stadt groß, laut und schmutzig, und wir Wanderer mit unseren Rucksäcken und Wanderstäben irgendwie fehl am Platz, als Fremdlinge, die wir ja auch irgendwie sind.

Aber unterwegs sind die Fremden zu einer Gemeinschaft geworden, und als wir vor der Kathedrale stehen, treffen wir plötzlich auf Bekannte, es ertönt wieder das vertraute »Buen camino«, wir unterhalten uns mit Menschen, denen wir auf dem Weg immer wieder begegnet sind.

Langsam werden auch wir angesteckt von der Freude der Einheimischen und der Besucher: Der Feiertag des heiligen Jakobus am 25. Juli steht bevor, und die ganze Stadt wird zwei Tage lang feiern.

Unser erster Weg führt ins Pilgerbüro, wo wir nach Vorlage unseres Pilgerpasses unsere lateinisch verfassten Pilgerurkunden ausgestellt bekommen. Um zwölf Uhr mittags wird jeden Tag in der Kathedrale die Pilgermesse gelesen, um die Neuankömmlinge zu begrüßen und ihrer Wanderung einen feierlichen Abschluss zu verleihen. Wir sind geblendet von dem matten Gold des riesigen Altares, der

Pracht und schieren Größe dieses Gotteshauses und dem Anblick des mannshohen, 54 Kilogramm schweren Weihrauchkessels, der nur bei besonderen Anlässen zum Einsatz kommt. Während dieser »Botofumeiro« an seinen langen Seilen langsam durch das Querschiff schwingt, muss ich unwillkürlich darüber nachdenken, was passieren würde, wenn einer der Männer loslassen – oder wenn jemand dem weihrauchspeienden Monster im Weg stehen würde.
Wieder einmal ist die Pilgermesse nicht der Augenblick, in dem die großen, bedeutenden Gefühle oder Erkenntnisse sich einstellen: Dafür ist zu viel Action, zu viel Kommen und Gehen, und vor allem werden mitten im Gottesdienst die Festlichkeiten zum Jakobstag eröffnet – mit einem Feuerwerk direkt vor der Kathedrale; der Krach ist ohrenbetäubend. Nach der Messe werden wir von einer langen Reihe von Menschen auf den Altar zugeschoben und finden uns schließlich in der Krypta unter dem Hauptaltar wieder, in der die Gebeine des Apostels ruhen. Wir legen oben, hinter dem Altar, wie alle anderen auch, unsere Hände auf die Schultern einer sitzenden Jakobusfigur ... Wir sind am Ziel, wir sind da – und einen Moment lang sind wir wirklich angekommen.

Sigrun Arenz

Die Autorinnen und Autoren

Von Lichtenfels nach Nürnberg:

Reinhard Weirauch hat sein bisheriges Leben freiwillig überwiegend in Mittel- und Oberfranken verbracht. Er beschäftigt sich professionell mit zweckgebundenen Texten (Theater, Werbung, Presse), ist Mitarbeiter der Stadt Fürth und zudem unprofessioneller, aber begeisterter Streckenwanderer. (Die Aktualisierungen und Ergänzungen für die 7. Auflage stammen von **Jonas Fehn**.)

Von Nürnberg nach Rothenburg o. d. Tauber:

Nikola Stadelmann ist nach fast einem Vierteljahrhundert »Vagabundenleben« in ihre mittelfränkische Heimat zurückgekehrt. Die vielseitige Theaterfrau, die unter anderem als Dramaturgin, Pressereferentin und Theaterdirektorin an verschiedenen Theatern in Deutschland und Österreich gearbeitet hat, schnürt in ihrer Freizeit gerne die Wanderstiefel und erkundet auf Schusters Rappen die Lande – und deren kulinarische Köstlichkeiten.

Von Würzburg nach Rothenburg o. d. Tauber:

Sigrun Arenz wurde 1978 in Nürnberg geboren und arbeitet hauptberuflich als Lehrerin am Gymnasium. Ihre erste größere Wanderung führte sie auf den spanischen Jakobsweg, aber seither hat sie auch verschiedene Wanderwege in Deutschland erkundet und sammelt in der Natur Eindrücke für ihre literarische Arbeit. Als freie Mitarbeiterin für das Feuilleton der *Fürther Nachrichten* ist sie in den Konzertsälen und kulturellen Spielstädten der Stadt unterwegs. Bei ars vivendi sind von ihr u. a. mehrere Regionalkrimis sowie der Reiseführer *Jakobswege in Franken 2* erschienen. Sie wurde im Jahr 2014 mit dem Kulturförderpreis der Stadt Fürth ausgezeichnet.

Immer geradeaus

Ortsregister